写真のなかの江戸

絵図と古地図で読み解く20の都市風景

金行信輔

ユウブックス

目次

PHOTO

写真 01

AREA

I 愛宕山

画面1

画面2

PHOTO
写真 01

AREA
I 愛宕山

画面3

PHOTO
写真 01

AREA
I 愛宕山

画面4

画面5

写真 06

写真 07

PHOTO	AREA
	V 日本橋
写真 09	
写真 10	
写真 11	
写真 12	
写真 13	
写真 14	
写真 15	
写真 16	
写真 17	
写真 18	
写真 19	
写真 20	

PHOTO	AREA
写真 01	I 丸の内
写真 02	II よ上野
写真 03	III 浅草
写真 04	IV 神田町
写真 05	V 日本橋
写真 06	VI 築地
写真 07	VII 芝
写真 08	VIII 新宿
写真 09	IX 永代橋
写真 10	
写真 11	
写真 12	
写真 13	
写真 14	
写真 15	
写真 16	
写真 17	
写真 18	
写真 19	
写真 20	

PHOTO	AREA
写真 01	
写真 02	
写真 03	
写真 04	
写真 05	
写真 06	Ⅴ 日本橋
写真 07	
写真 08	
写真 09	
写真 10	
写真 11	
写真 12	
写真 13	
写真 14	
写真 15	
写真 16	
写真 17	
写真 18	
写真 19	
写真 20	

PHOTO	AREA
写真 01	I 愛宕山
写真 02	II 汐留
写真 03	III 銀座
写真 04	IV 丸の内
写真 05	V 日本橋
写真 06	**VI 築地**
写真 07	VII 大船
写真 08	VIII 浅草
写真 09	IX 深川
写真 10	
写真 11	
写真 12	
写真 13	
写真 14	
写真 15	
写真 16	
写真 17	
写真 18	
写真 19	
写真 20	

PHOTO	AREA
写真 01	写真 01
写真 02	写真 02
写真 03	写真 03
写真 04	写真 04
写真 05	写真 05
写真 06	Ⅵ 築地
写真 07	
写真 08	
写真 09	
写真 10	
写真 11	
写真 12	
写真 13	
写真 14	
写真 15	
写真 16	
写真 17	
写真 18	
写真 19	
写真 20	

PHOTO	AREA
写真 01	
写真 02	
写真 03	
写真 04	
写真 05	
写真 06	
写真 07	VII 赤坂
写真 08	
写真 09	
写真 10	
写真 11	
写真 12	
写真 13	
写真 14	
写真 15	
写真 16	
写真 17	
写真 18	
写真 19	
写真 20	

PHOTO	AREA
写真 01	
写真 02	
写真 03	
写真 04	
写真 05	
写真 06	
写真 07	VII 赤坂
写真 08	
写真 09	
写真 10	
写真 11	
写真 12	
写真 13	
写真 14	
写真 15	
写真 16	
写真 17	
写真 18	
写真 19	
写真 20	

PHOTO

AREA

VIII 御茶ノ水

写真 16

はじめに

なぜ写真なのか

写真は今やきわめて身近な存在となった。デジタル化とスマートフォンの普及によって、いつでも気軽に写真を撮って保存するだけでなく、ＳＮＳですぐに家族や友人と共有することもできる。人やモノの姿・形、風景を記録に残そう、あるいは相手に伝えようとすれば、誰もが写真を撮ることを選ぶだろう。写真は一瞬にして、ほとんど「見たとおり」に対象を写し撮る。そして、遠くにいる相手、あるいは数年後の自分でも、あたかもその場にいるかのように被写体を見ることができるからだ。

一方、このように正確に現実世界を切り撮った写真が、過去の記録資料としても残されている。写真や動画によって情報を理解することが当たり前となった現在、過去についても写真という媒体が残っているか否かで随分と現実感が異なるのではないだろうか。細部まで鮮明に写し出した写真は、時として、その場所のもつ空気感のようなものまで伝えてくれる。古い写真をじっと眺めていると、時間を遡って当時の風景を実際に見ているかのような感覚を覚えることがある。

日本で写真が撮られるようになったのは幕末のこと。開国後に来日した外国人写真家や彼らから技術を学んだ日本人写真家によって、人物や風景の撮影が行われた。当時の撮影地には、開港場・居留地として外国人が暮らした長崎や横浜ばかりでなく、徳川幕府の所在地であった江戸も含まれ、その都市風景が写真に残されることとなる。写真の時代は、260年余り続いた江戸時代の首都の最期に辛くも間に合ったのである。

本書では、そうした幕末から明治初期の写真（古写真）[*1]を素材に、都市江戸の建築・都市風景の実像を読み解いていく。維新直後の破壊と震災・戦災を経て、現存する建築物に恵まれない江戸の場合、言うまでもなく写真は重要な歴史資料（史料）となる。

もちろん写真以外にも、建築物や都市風景については、図面・地図あるいは絵画も膨大に残されている。だが、前者からは平面の情報しか得られないし、後者の代表例である浮世絵版画は誇張や変形が目につく。一方、写真の場合はたとえ色彩のないモノクロームであっても、対象の形は私たちの眼の網膜に写る像と何ら変わるところがない。たとえば、建築物を被写体とする場合、形態を正確に写し撮るのはもちろんのこと、ゆがみ、汚れ、傷みなど絵画が表現しない現実まで、写真は記録してしまう。

くわえて、写真は被写体についての存在証明でもある。写っているモノが「かつてそこにあったということ」は「決して否定できない」のだ（R・バルト『明るい部屋』）。これは至極当たり前に聞こえるかもしれないが、都市風景に関する歴史資料として写真を見た場合、きわめて重要な側面である。たとえば、建築図面が残っていたとしても、そのとおりの建物が過去に実在したとは限らない。それだけでは、図面が実現しなかった建物の設計図である可能性を否定できないからだ。

江戸が東京と名を改め、すっかり姿を変えてしまって久しいが、その風景の一部は幸いにも写真のなかに残された。写真には都市の実像が写っており、画面に写っているものは細部に至るまで現実に存在していたのである。それゆえに、そこに何が写っているのか、詳細に読み解く作業は、江戸と称されていた頃の都市の現実を明らかにする試みにほかならない。

＊1　古写真
古い写真のうち、とくに幕末・明治期の写真を慣例的に「古写真」と呼ぶことが多い。ただし、本書では必要がある場合を除いて古写真という言葉は用いていない。

写された「江戸」

写真は1820〜30年代のフランスで発明[*2]され、50年代にはイギリスで複数のプリントが可能な湿板方式[*3]が開発された。幕末の開国後から明治初期にかけて、日本では主にこの湿板方式で撮影が行われている。

幕末に来日した外国人写真家のうち、都市江戸を最も多くの写真に収めたのは、よく知られているフェリーチェ・ベアト[*4]である(コラム2参照)。ベアトは文久3年(1863)の夏(推定)に江戸を訪れ、愛宕山の上にカメラを据えた。その時に撮られた写真が代表作「愛宕山から見た江戸のパノラマ」(写真01)である。

ベアトの写真はその活動時期から幕末の撮影と推定されるものが多く、「江戸時代の江戸」の実像を記録したという点で重要な意味をもっている。だが、写真の撮影地点は愛宕山や江戸城内堀などを除けば、ほとんどが都市周縁部であり、都市風景という関心からすると、残念ながら地域的な不足感は否めない。その不足分を埋めるものとして注目されるのが、江戸(東京)中心部の風景が数多く含まれている明治初期の写真なのである。

本書では江戸の都市風景の全体像を知るうえでの重要度を優先し、写真01以外(写真02〜写真20、およびコラム1の写真)は明治初期(推定を含む)に撮影された写真を素材とした。また、被写体に結びつく関連史料(絵図・文献史料)が比較的揃っていることも、写真選択の条件とした。

＊2 **写真の発明**
フランスのニエプス(1765〜1833)が1826年に像を定着させることに成功。ニエプス没後の1839年、同人と契約を結んでいたダゲール(1787〜1851)によって、ダゲレオタイプ(銀板写真)が正式な発明品と認められた。

＊3 **湿板方式(湿板写真)**
ヨウ化銀コロジオンを塗布したガラス板が湿った状態で撮影するためこの名がある。1851年、イギリスのフレデリック・スコット・アーチャー(1813〜1857)によって考

案された。ガラスネガの製作方式として主流となる。

＊4 **フェリーチェ・ベアト**
１８３４〜１９０８。イギリス人の写真家。詳しくはコラム２（p.162〜163）参照。

＊5 **『ファー・イースト』**
原題『THE FAR EAST』。イギリス人ジョン・レディ・ブラック（１８２６〜１８８０）によって、横浜で発行された英字新聞。各写真の大きさは手札から六つ切り程度のサイズである。紙面の枠の中に写真プリントが貼り込まれ、枠外に英文の写真タイトルが付されている。左は紙面の一例（横浜開港資料館所蔵）。１９６５年に雄松堂が復刻版を刊行。

THE FAR EAST.
AN ILLUSTRATED FORTNIGHTLY NEWSPAPER.

ところで、明治初期に撮影された写真に対して、「江戸」というのはいかがなものか、と思う方もいることであろう。たしかに、維新後の風景は文明開化が進行する時期の「東京」のものに違いないのだが、ここで「江戸」というのは、正確には「江戸以来の都市風景」のことを指している。

写真に写し込まれた建物や道路などは、当然ながら撮影時点を遡って存在しているわけで、それらに注目する限り、「撮影時点以前の都市空間史料」として活用することができる（玉井哲雄「都市空間史料としての写真」）。明治維新によって政治体制が変わっても、既存の建物のすべてが直ちに消え去ったわけではなく、とくに町で暮らす庶民の日常生活とその家屋は、維新後の数年程度で変化することはなかった。また、主《あるじ》を失った大名屋敷の建物が、そのまま新政府の官庁に転用されたという例も少なくない。明治初期撮影の写真であっても、画面において江戸以来の要素を選択するとともに、関連する絵図・古地図・文献史料などと対照して幕末期からの変化を慎重に見極めれば、その数年前まで続いた都市江戸を知る素材として十分に利用することができるのである。

『ファー・イースト』の写真

本書で分析・本文解説の対象とした写真20点のうち17点を占めるのが、隔週刊（のち月刊）の英字新聞『ファー・イースト』[＊5]に掲載された写真である。同紙は１８７０年５月30日（明治３年５月１日）から１８７５（明治８）年８月31日まで、あわせて98号が横浜で発行された。その紙面には鶏卵紙[＊6]に焼き付けた写真プリントが直接貼り付けられており、各写真は１５０年近い星霜を経たとは思えないほど、鮮明な画質を保っている。写真の大半は、明治２年（１８６９）、弱冠16歳で来日したオーストリア人ミヒャエル・モーザー[＊7]が撮影したものとされる（コラム２参照）。国内外のいくつかの機関に原本が所蔵されているが、本書では画像がデジタル化されている横浜開港資料館所蔵本を用いた。

『ファー・イースト』には、さまざまな風景や人物の写真が掲載されている。風景写真には、日本各地の名所旧跡や寺社のほか、東京、横浜、大阪、長崎などの市中で写されたものも多い。とくに東京の場合、新たな洋風建築にもまして、江戸以来の建築物が数多く写し撮られており、近世（江戸時代）の都市風景の最後の姿をとらえた貴重な記録となっている。江戸城旧西丸御殿（写真04）、旧福岡藩上屋敷（写真05）、日本橋（写真09）、築地本願寺本堂（写真12）など、本書で取り上げた写真のなかの主要な建造物は、撮影直後あるいは数年後に、火災や解体によって姿を消している。なお、こうした江戸以来の建築・都市風景の写真が数多く含まれているのは、同紙の読者である当時の外国人の関心が、西洋の模倣に過ぎない洋風建築よりも、日に日に失われてゆく「江戸の風景」へと向けられていたことも大きな理由であろう。

撮影時期について

幕末・明治初期の写真には、撮影日時が記録されているものはほとんどなく、写真の内容から撮影時期（撮影年代）を推定する必要がある。本書掲載の写真についていえば、文久3年（１８６３）の夏と推定できるベアトのパノラマ写真（写真01）は例外的で、それ以外の写真は撮影時期を短い期間内に限定することができない。ただし、『ファー・イースト』掲載写真の場合、当然ながら掲載号の発行年月日（掲載日）が撮影日の下限となる。本書で取り上げた写真の掲載日は、１８７１（明治4）年から１８７４（明治7）年にかけてであり、撮影日

＊6 **鶏卵紙**
材料に卵白液を含んでいる印画紙。19世紀半ばから20世紀初頭まで長い間利用された。

＊7 **ミヒャエル・モーザー**
1853〜1912。オーストリア人の写真家。詳しくはコラム2（p.162〜163）参照。

はその年次以前とわかる。だが、それはあくまで下限を区切るものであって、「新聞」といえども、必ずしも発行日直前に撮影されたものではない点に注意しなければならない。ある時点にまとめて撮影された写真群がストックされ、それらをもとに後年になって紙面が構成されている例が見つかっているからだ（青木祐介「史料としての『ファー・イースト』貼付写真」）。

一方、撮影日の上限については、写っているモノ（たとえば、明治3年開業の人力車）から判断できる場合もあるので、各写真の解説文を参照されたい。前述したように、『ファー・イースト』掲載写真の大半はミヒャエル・モーザーの撮影とされるが、一部に内田九一《うちだくいち》＊8撮影の写真も用いられたことが同紙記事から判明する（前掲、青木論文）。モーザーが撮影した写真であれば、上限は彼が来日した明治2年（1869）ということになるが、上記のような記事がない場合、撮影者の判別は難しく、一概に全写真が同年以降の撮影であると断定することはできない。しかし、写真内容から判断すると、『ファー・イースト』掲載写真の撮影日はおおむね明治2年以降とみて大過ないと思われる。

撮影地点と写真タイトル

撮影地点については、写真の原タイトル（原キャプション）が正しければ問題はないが、『ファー・イースト』にはそれが間違っている場合や場所が特定できない表現のものがある。たとえば、写真07「山王社の参道①——坂の上から」には「ON THE NAKASENDO（中山道にて）」という誤ったタイトルが付されていた。また、写真08「山王社の参道②——坂の下から」には「OLD STREET IN YEDO（江戸の古い街路）」とあるだけであった。こうした例があることから、本書の各写真のタイトルは内容に即して、筆者があらためて付け直したものである（写真01を除く）。なお、各写真の原タイトルおよび『ファー・イースト』掲載号は巻末の一覧（p.234）に示した。

＊8 **内田九一《うちだくいち》**
1844〜1875。写真家。横浜、東京浅草などで写真館を開いた。

PHOTO	AREA
写真01	Ⅰ 愛宕山
写真02	Ⅱ 江戸城
写真03	Ⅲ 霞ヶ関
写真04	Ⅳ 永田町
写真05	Ⅴ 日本橋
写真06	Ⅵ 築地
写真07	Ⅶ 赤坂
写真08	Ⅷ 御茶ノ水
写真09	Ⅸ 羅漢寺
写真10	
写真11	
写真12	
写真13	
写真14	
写真15	
写真16	
写真17	
写真18	
写真19	
写真20	

写真を読み解く——本書の構成

本書では、20点の写真（01〜20）を対象に、被写体となった建築・都市風景に関して分析を行っている（他にコラムで1点を紹介）。江戸（東京）を9つのエリア（場所・施設）に分け、エリアごとに2〜3点の写真を取り上げた。順番は冒頭に幕末のパノラマ写真を含むⅠ愛宕山、次いでⅡ江戸城、そこから右まわりの渦巻き状に、Ⅲ霞ヶ関↓Ⅳ永田町↓Ⅴ日本橋↓Ⅵ築地↓Ⅶ赤坂↓Ⅷ御茶ノ水↓Ⅸ羅漢寺（亀戸村）とした。これは城を中心に渦巻き状に外堀がめぐる江戸の都市構造に対応させている。

＊9 **切絵図**
幕末に版行された江戸の地域別地図。なかでも尾張屋板は色刷りが美しいことで知られる。

口絵

分析対象とした写真を見開きの大きさで連続的に並べた。現在の東京の姿からは想像もつかない「江戸」の都市風景をまずは眺めていただきたい。ここでは、ページをめくることでリアルな都市風景が次々に展開し、都市全体の空間的な広がりが感じられるとともに、「紙上の江戸観光」を愉《たの》しめるようにした。

江戸↕現代

各写真の撮影場所を特定し、カメラの据えられた位置（撮影地点）と撮影方向を、幕末期の切絵図[*9]あるいは「江戸絵図」[*10]（Ⅱ江戸城は別図）と現代地図の上に示した。また、分析対象の写真（古写真）と現状写真（一部をのぞきほぼ同地点から撮影）を上下に並べ、風景の変化が一目でわかるようにした。ここで、現代地図上の撮影地点はあくまで古写真のものであり、（古写真とはやや撮影地点が異なる場合がある）現状写真のものではない点に注意されたい。

写真を読み解く

写真を都市風景の史料として読み解く際には、「どこ」の「なに」が写っているのかを明らかにすることが基礎的な作業となる。ここではまず見開きページで、各被写体ついて画面上の位置を番号（丸数字）で示し、それが写っている部分写真に名称（固有名詞または普通名詞）を付して写真の周囲に配置した。画面の建築物、屋敷、寺社、町、橋などの特定には、江戸期（幕末期）の絵図や古地図、明治前期の測量原図[*11]などを用いている。つづく各写真の解説ページでは、画面内の注目すべき部分（クローズアップを含む）、読み解きに必要な絵図・古地図・絵画などを左ページに掲載した。解説文では、絵図・古地図・文献史料をもとに、建築物をはじめとする被写体の形態・特徴、来歴とその後、屋敷の居住者の動向など、もろもろの事実を確認しなら、写真内容の読み解きを試みている。

以上が本書の構成であるが、可能であれば撮影地点を実際に訪れ、幕末・明治初期の写真とそれから１５０年後の現状を見比べることをお勧めしたい。江戸をベースに現代の東京が成立していることは、従来の江戸・東京論でほぼ語りつくされた感がある。しかし、地形や敷地といった基層部分ではなく、建築物によって構成されていた江戸の都市風景を始点とした場合、歴史はどのように語ることができるのだろうか。撮影現場で風景の変わりようを目の当たりにすると、これほどまでの変化をもたらした東京の近現代とは何だったのか、驚きとともに、都市の歴史に対する興味が湧き上がってくるはずである。

＊10 **「江戸絵図」** 国立国会図書館所蔵。最幕末の江戸図。「江戸絵図」1号〜9号の9枚からなる。

＊11 **測量原図** 『五千分一東京図測量原図』。明治10年代に作成された東京中心部の実測地図。建物まで記載した詳細な彩色地図。

PHOTO	AREA
写真 01	I 愛宕山
写真 02	II 江戸城
写真 03	III 霞ヶ関
写真 04	IV 永田町
写真 05	V 日本橋
写真 06	VI 築地
写真 07	VII 赤坂
写真 08	VIII 御茶ノ水
写真 09	IX 湯漢寺
写真 10	
写真 11	
写真 12	
写真 13	
写真 14	
写真 15	
写真 16	
写真 17	
写真 18	
写真 19	
写真 20	

I 愛宕山

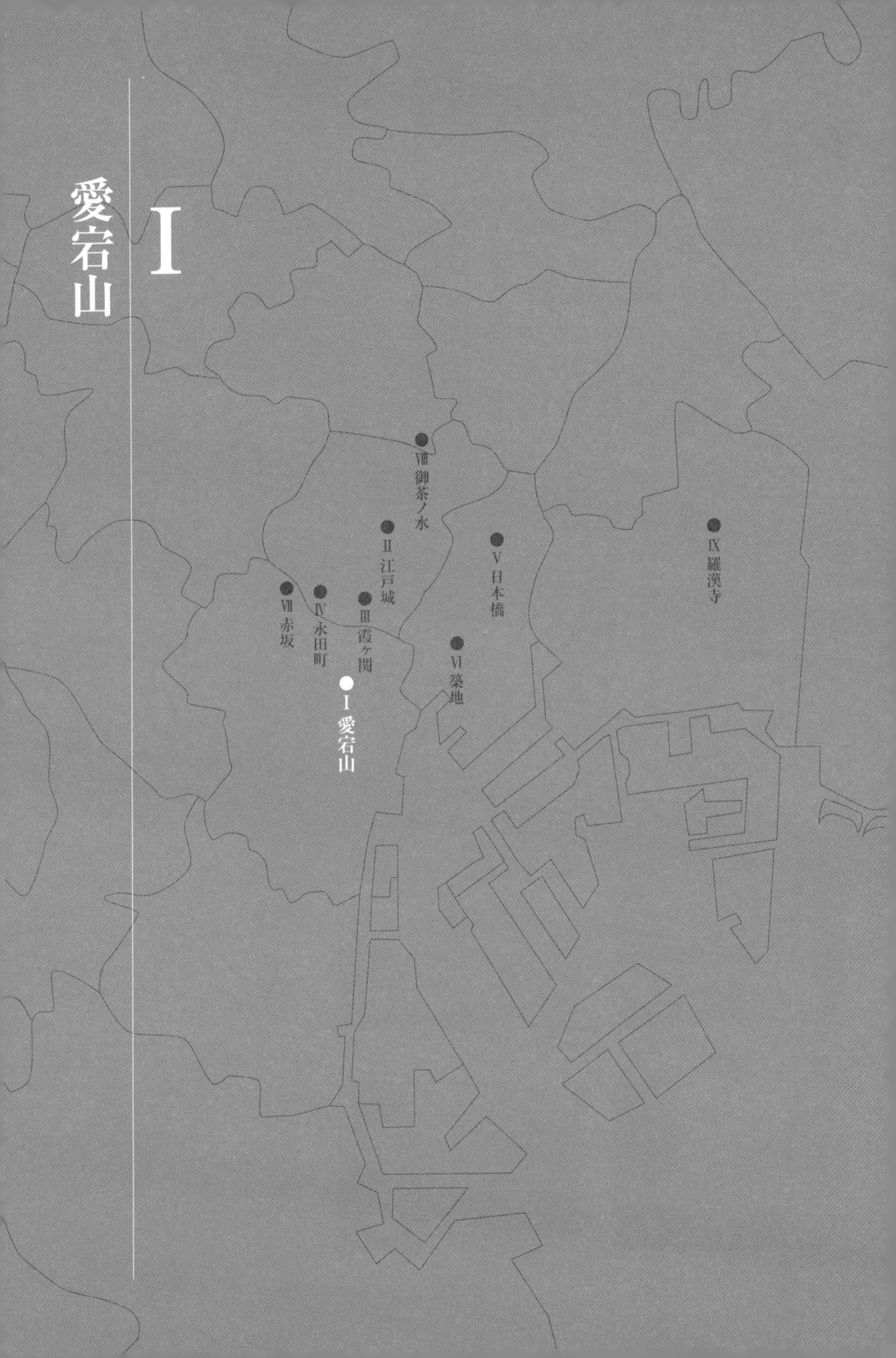

PHOTO

写真01

写真02

AREA

1 愛宕山

江戸↕現代

港区北東部に位置する愛宕山は、標高わずか26メートル。しかし、視界を遮るものがなかった江戸の頃は市中第一の眺望の名所であり、「もっとも美景の地」（『江戸名所図会』）と讃《たた》えられた。現在も山上には愛宕神社が鎮座するが、周囲のビルに阻まれ、もはや眺望はきかない。すぐ南の愛宕グリーンヒルズ、北の虎ノ門ヒルズの2つの高層タワーに見下ろされている状況だ。

写真01「愛宕山から見た江戸のパノラマ」 文久3年（1863）（推定）、山上の北東端からベアトが撮影したパノラマ写真（本書では画面を5分割で掲載）。東側の眺望が160度近くにわたって写されている。前景は大名・旗本の屋敷が並ぶ愛宕下地区（現・港区西新橋、新橋）、遠くには江戸湾の海面が見える。現状写真は、階段上が開けた愛宕神社男坂の上から撮影した。

写真02「天徳寺」 愛宕山の西側には天徳寺（浄土宗）の墓地が広がっていた。撮影地点は愛宕神社の真裏とみられるが、樹木に遮られるため、現状写真は南側のNHK放送博物館の脇から撮った。天徳寺の境内・墓地は現在、大幅に縮小された。

写真01（画面3）

写真02

写真01（現状）

写真02（現状）

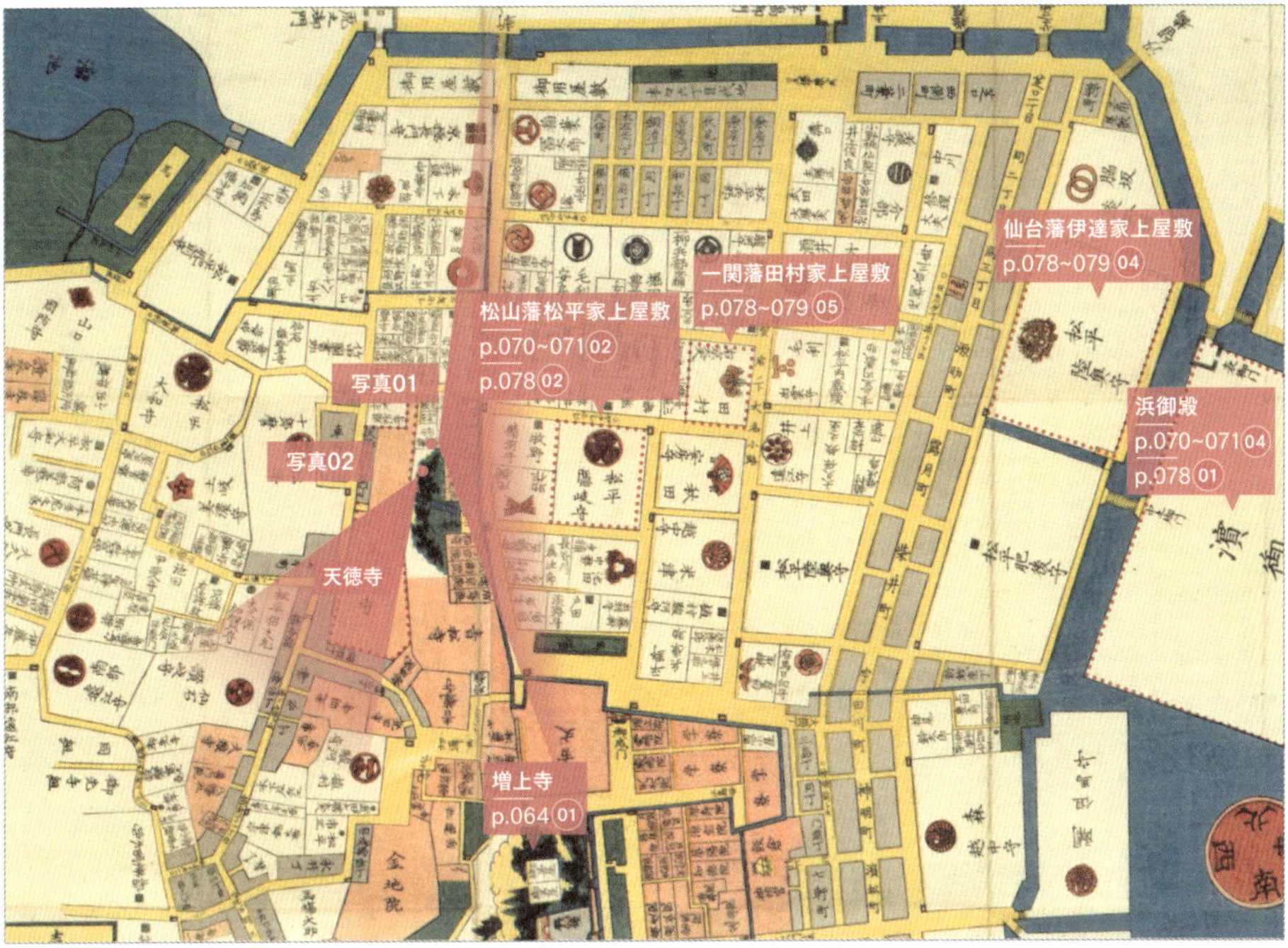

I 愛宕山 江戸 「芝愛宕下絵図」（尾張屋板切絵図）部分（国立国会図書館所蔵）

I 愛宕山 現代

写真を読み解く

「愛宕山から見た江戸のパノラマ」画面1

撮影年代　文久3年（1863）（推定）

01 増上寺

04 三番台場（海上）

03 六番台場（海上）

02 二番台場

05 鳥取藩池田家下屋敷（奥の海沿いの森）

06 紀州藩徳川家下屋敷（現・芝離宮恩賜庭園）（奥の海沿いの森）

07 小泉藩片桐家上屋敷（中央）

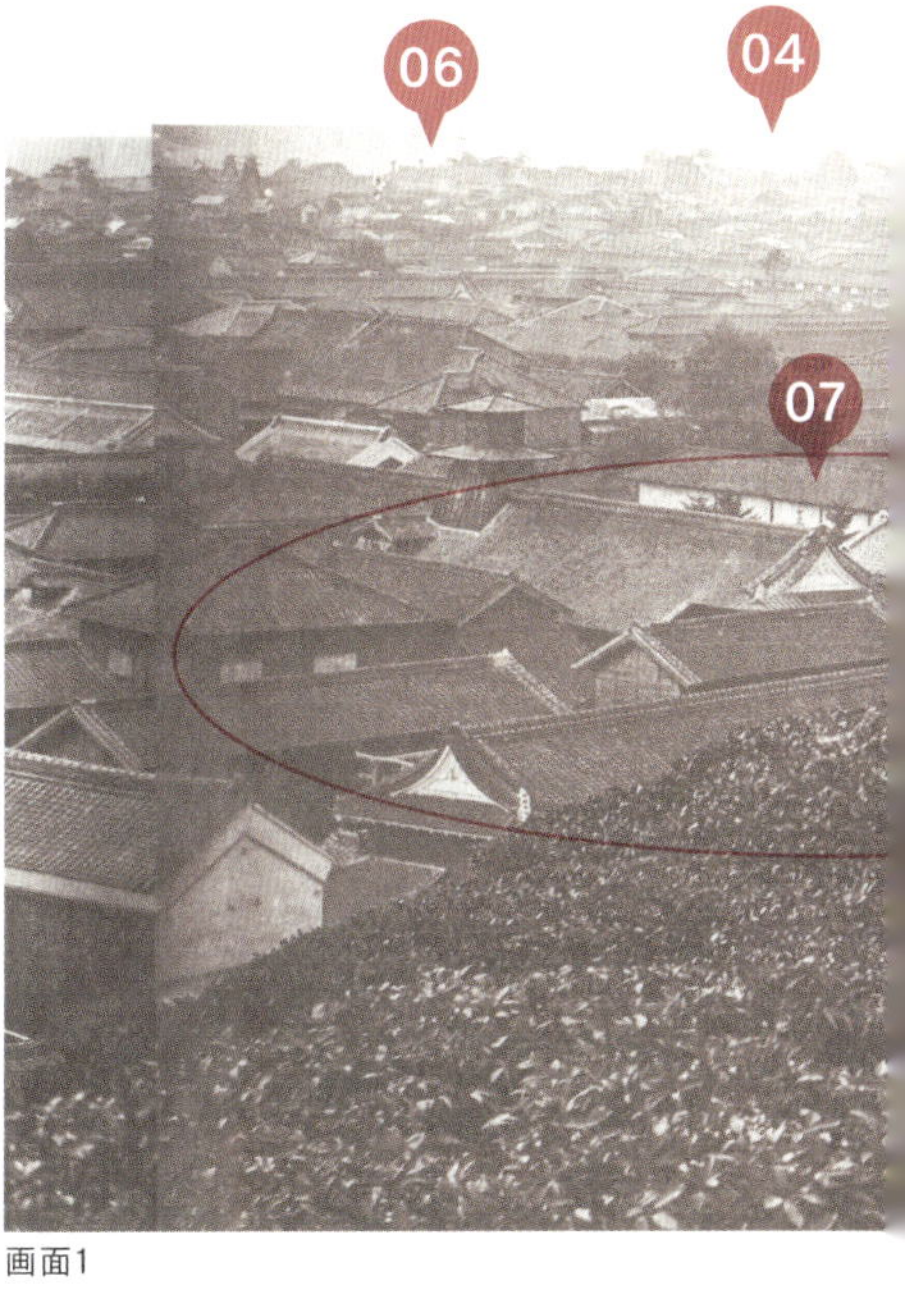

画面1

PHOTO
写真 01

AREA
I 愛宕山

江戸を眺める

愛宕山《あたごやま》は平地に向かって岬のように突出しているため、山上からは江戸市中の広い範囲を見渡すことができた。男坂の急な石段[*1]を上がると正面に愛宕神社[*2]があって、周囲の眺めの良い崖沿いには多くの茶屋が並んでいた。紀州藩士・酒井伴四郎《さかいばんしろう》[*3]が愛宕山を訪れたのは、万延元年（1860）6月17日のこと。故郷和歌山を離れ、江戸・赤坂の紀州藩中屋敷[*4]で暮らし始めて半月余り、伴四郎はその日の日記に次のように記した。

「世間を見渡し、江戸三歩（分）一ハ爰《ここ》より見ゆる。其《そ》の広サは中々詞《ことば》ニも筆ニも尽《つく》しがたく候《そうろう》」（「江戸江発足日記帳」）。

ここからは江戸の三分の一が見える。その広さは言葉に尽くしがたい……。伴四郎が感嘆した愛宕山からの眺めとは、どのようなものだったのか。それを現代の私たちにも具《つぶさ》に物語ってくれる写真こそ、フェリーチェ・ベアト[*5]の撮影によるパノラマ写真にほかならない。

視界をさえぎるものは一切なく、瓦葺の低い家並みの先には江戸湾が広がっている。海までの距離は、最も近い紀州藩下屋敷（現・芝離宮恩賜庭園）06の沿岸まで1・5キロほどだ。

ベアトは文久3年（1863）の春頃に来日したとされ、翌年の『イラストレイテッド・ロンドンニュース』[*6]にはこの写真にもとづいた版画が掲載されている。これらの事実から従来、撮影年代は1863〜64年と推定されていたが、近年になって画面上の影から太陽高度・方位角が検討された結果、1863年8月頃（文久3年7月頃）

＊1 **急な石段**
愛宕神社正面の男坂。曲垣平九郎（まがき・へいくろう）が馬で駆け上ったという講談「寛永三馬術」で知られる。

＊2 **愛宕神社**
愛宕山頂にある神社。徳川家康により創建。火伏せ（防火）の神として信仰を集めた。

＊3 **酒井伴四郎《さかいばんしろう》**
1834〜?。紀州藩の下級武士。幕末の江戸勤番中に詳細な日記を記した。伴四郎が歩いた赤坂についてはコラム3（p.194〜195）参照。

■1 写真01の撮影地点と画角 「東京南部」明治44年(1911)(国立国会図書館所蔵)

の撮影とする説が有力となった（青山宏夫「F．ベアトの江戸パノラマ写真はいつ撮影されたのか」）。そこで以下では、撮影時期を文久3年の夏と仮定し、関連事項については同年を基準に記述していくことにしたい。

黒船への備え――台場と陣屋地

遠景の海上にうっすらと写るのが、右から二番02・六番03・三番04の台場[*7]（■1、p.067 ■1）。ペリーが来航した嘉永6年（1853）から翌安政元年にかけて、外国船から江戸を守る目的で急遽建造された6基の砲台のうちの3基である。このうち六番と三番の台場は現存しており、国史跡となっている。

台場のすぐ手前の樹林は鳥取藩池田家下屋敷[*8]05（■1）、場所は現・JR浜松町駅の東南側あたりだ。池田家のこの屋敷は、潮入りの池をもつ回遊式庭園が敷地の大半を占めており、江戸湾の眺望を存分に楽しめる別荘として使用されていた。だが、海沿いの屋敷ゆえ、ペリー来航後の嘉永6年8月、幕府に収用され、二番台場の守備を担う会津藩松平家[*9]に陣屋地《じんやち》[*10]として渡された。のち文久元年（1861）10月になって鳥取藩が再び拝領し、文久3年夏の撮影時点では同藩の所持となっていたが、同年11月には自力による海岸警衛が困難という理由で幕府に返上している。

文久2年（撮影前年）の同屋敷の絵図（■2）によれば、すでに庭園内にあった茶屋は撤去され、代わって海岸線（図の上側・右側）に台場（砲台）、敷地南側（図の右側）に陣小屋《じんごや》[*11]と桝形《ますがた》[*12]が設けられていたことがわかる。

*4 **紀州藩中屋敷**
現・赤坂御用地の敷地。写真14（p.180～181）参照。

*5 **フェリーチェ・ベアト**
p.055 *4参照。詳しくはコラム2（p.162～163）参照。

*6 **『イラストレイテッド・ロンドンニュース』**
イギリスで刊行されたイラスト入り週刊新聞。

*7 **台場**
要害の地に土や石垣で築いた大砲を据える台。砲台。

*8 **鳥取藩池田家**
因幡国（鳥取県）鳥取に藩庁を置いた藩。外様大

名、32万石。

＊9 **会津藩松平家**
陸奥国（福島県）若松に藩庁を置いた藩。家門大名、23万石。

＊10 **陣屋地《じんやち》**
陣小屋（＊11参照）を建てる土地。

＊11 **陣小屋《じんごや》**
軍兵の駐屯する小屋。

＊12 **桝形《ますがた》**
防御のため城の入口に設けた四角形の空間。周囲を門や櫓、石垣などで囲む。

■1 左から三番台場（左）p.065 04 六番台場（中）p.064~065 03 鳥取藩池田家下屋敷（中央右寄り海沿いの樹林部分）p.064~065 05 二番台場（右）p.064~065 02

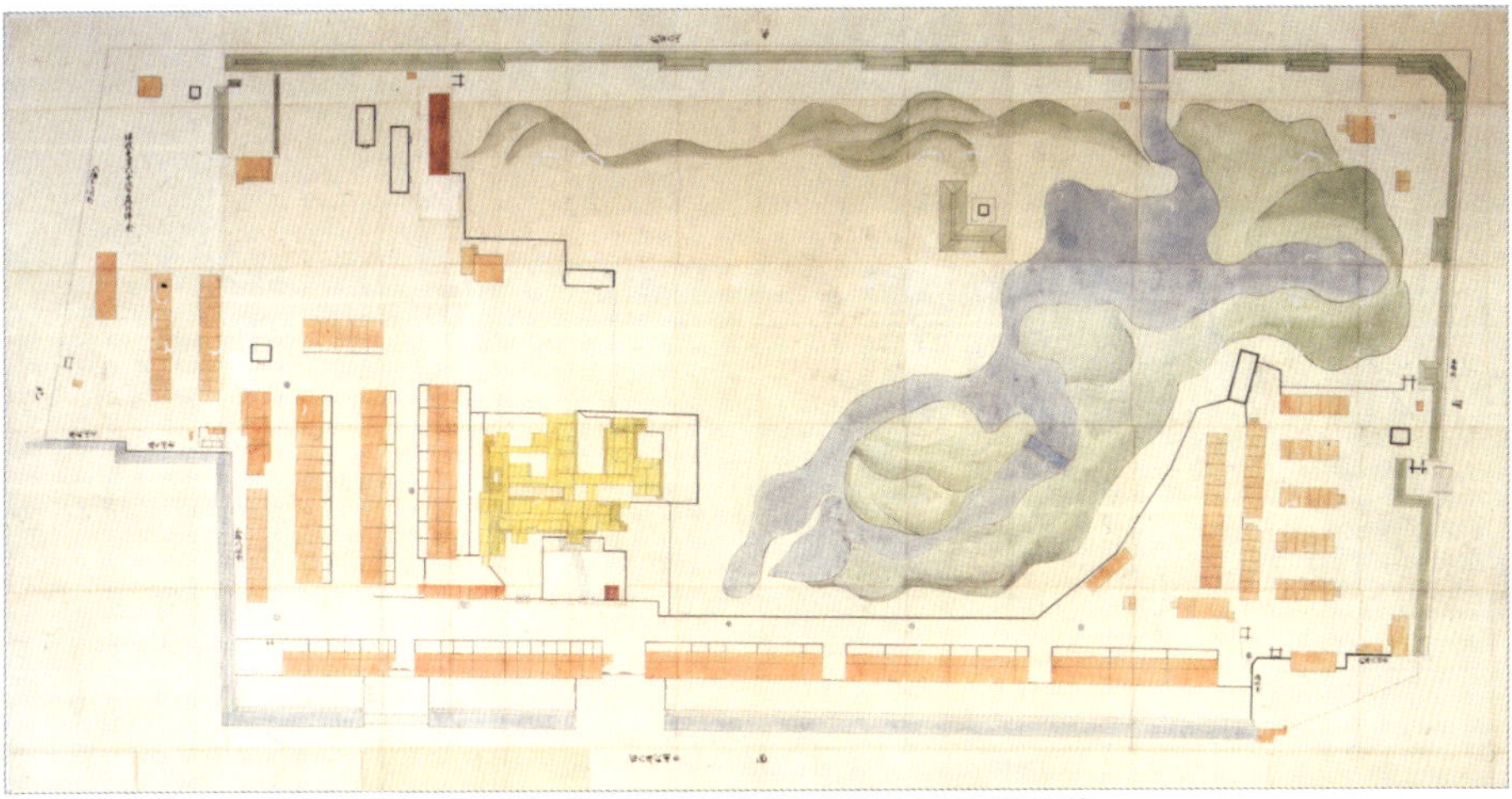

■2 鳥取藩池田家下屋敷 文久2年（1862）「芝御屋敷惣絵図」（鳥取県立博物館所蔵）

写真を読み解く

「愛宕山から見た江戸のパノラマ」画面2

撮影年代　文久3年（1863）（推定）

画面2

03 松山藩松平家上屋敷 望楼

05 長岡藩牧野家中屋敷(手前)

01 小泉藩片桐家上屋敷

02 松山藩松平家上屋敷

04 浜御殿(現・浜離宮恩賜庭園)(奥)

幕末の変容—瓦解の始まり

画面2で注目されるのは、中央右手の小泉藩片桐家上屋敷*1 01 の様子だろう。この部分を拡大してみたい(■1)。空き地に面した右手の家屋には梯子が掛けられ、建具が見えない。軒には瓦がなく、また屋根上には瓦が無造作に置かれているようだ。植木が土蔵の前に不自然に集められていて、傍らには人影らしきもの(笠を被っている?)も見える。この屋敷は南(画面右方向)の街路に表門を開いていたので(切絵図[p.063]は人名の文字の頭が表門のある方向を示す)、屋敷裏手のこの現場は奥向《おくむき》*2(夫人の居所)の一部とみて間違いない。

ここで行われているのは建物の新築か修復か、それとも解体なのか、判別は難しいところだが、少なくとも屋根瓦は新品のようには見えない。また、隣の空き地の存在が不自然であり、地面には凸凹が見える。直前に庭の植栽を撤去したならば、ここでは引き続き建物の解体が行われていると考えるのが自然だろう。くわえて、次のような政治的背景からも、梯子が掛けられた建物は解体中の可能性が高いと思われる。

撮影のおよそ一年前の文久2年(1862)閏8月、参勤交代緩和令が発令され、大名の江戸参勤は三年に一度、妻子ら家族の帰国は自由となった。外国船の脅威に対し、諸大名による海防の拡充が求められるなか、参勤交代と妻子江戸居住の財政的負担が軽減されたのである。また、海に面した江戸は外国船から直接攻撃を受けるおそれもあった(内藤鳴雪『鳴雪自叙伝』)。同令を受け翌3年にかけて、江戸屋敷にいた諸大名の家族と家臣は次々に国元へ帰国してゆく。

*1 **小泉藩片桐家**
大和国(奈良県)小泉(大和郡山市)に藩庁を置いた藩。外様大名、1万1000石。

*2 **奥向《おくむき》**
御殿の奥の方。妻子や奥女中の居住空間。奥。⇔表向。p.076*9参照

■1 建物の解体(?)現場 小泉藩片桐家上屋敷 p.070~071 01

この時の家族・家臣の帰国にともない、たとえば、庄内藩酒井家[*3]では江戸で不用となった御殿が解体され、国元に移築されている。小泉藩片桐家の動向は史料がなく不明だが、建物の移築ではないにしても、夫人らの帰国で不用となった奥向御殿の解体が行われている可能性は十分に考えられよう。また後掲画面5で詳しくみるように、愛宕山の北側では内部が大きな空き地となっている屋敷も確認できる。

このようにベアトのパノラマ写真からは、文久3年（1863）という撮影年代を反映した景観の変化を読みとることができる。ここには見事な眺望ばかりでなく、幕末における「武家の都」の瓦解《がかい》の始まりも写し出されているのである。

大名屋敷の全容——松山藩松平家上屋敷

眼下に広がる愛宕下地区の家並みは、ほとんどが大名あるいは旗本の屋敷だ。この一帯は撮影の13年前、嘉永3年（1850）2月5日の大火[*4]で類焼しているから、建物はその後の再建ということになる。

画面の武家屋敷のうち、全容が写った松山藩松平家[*5]上屋敷《かみやしき》02については、火災後の嘉永4年（1851）に再建された、まさしく画面の建物を描く絵図（■1）がある。屋敷は画面2と画面3に分割されるので、ここにあらためて連続した写真を示した（■2）。

三田（現・港区）にあった松山藩中屋敷《なかやしき》[*6]の藩士の家に生まれた内藤鳴雪《ないとうめいせつ》[*7]によれば、この上屋敷の建物は、再建

*3 **庄内藩酒井家** 出羽国（山形県）鶴岡に藩庁を置いた藩。譜代大名、14万石。

*4 **嘉永3年（1850）2月5日の大火** 麹町から出火し、霞ヶ関、愛宕下まで延焼した火災。

*5 **松山藩松平家** 伊予国（愛媛県）松山に藩庁を置いた藩。家門大名、15万石。

*6 **松山藩中屋敷《なかやしき》** 現・港区三田二丁目のイタリア大使館を含む一帯に所在。

*7 **内藤鳴雪《ないとうめいせつ》** 1847〜1926。俳人。

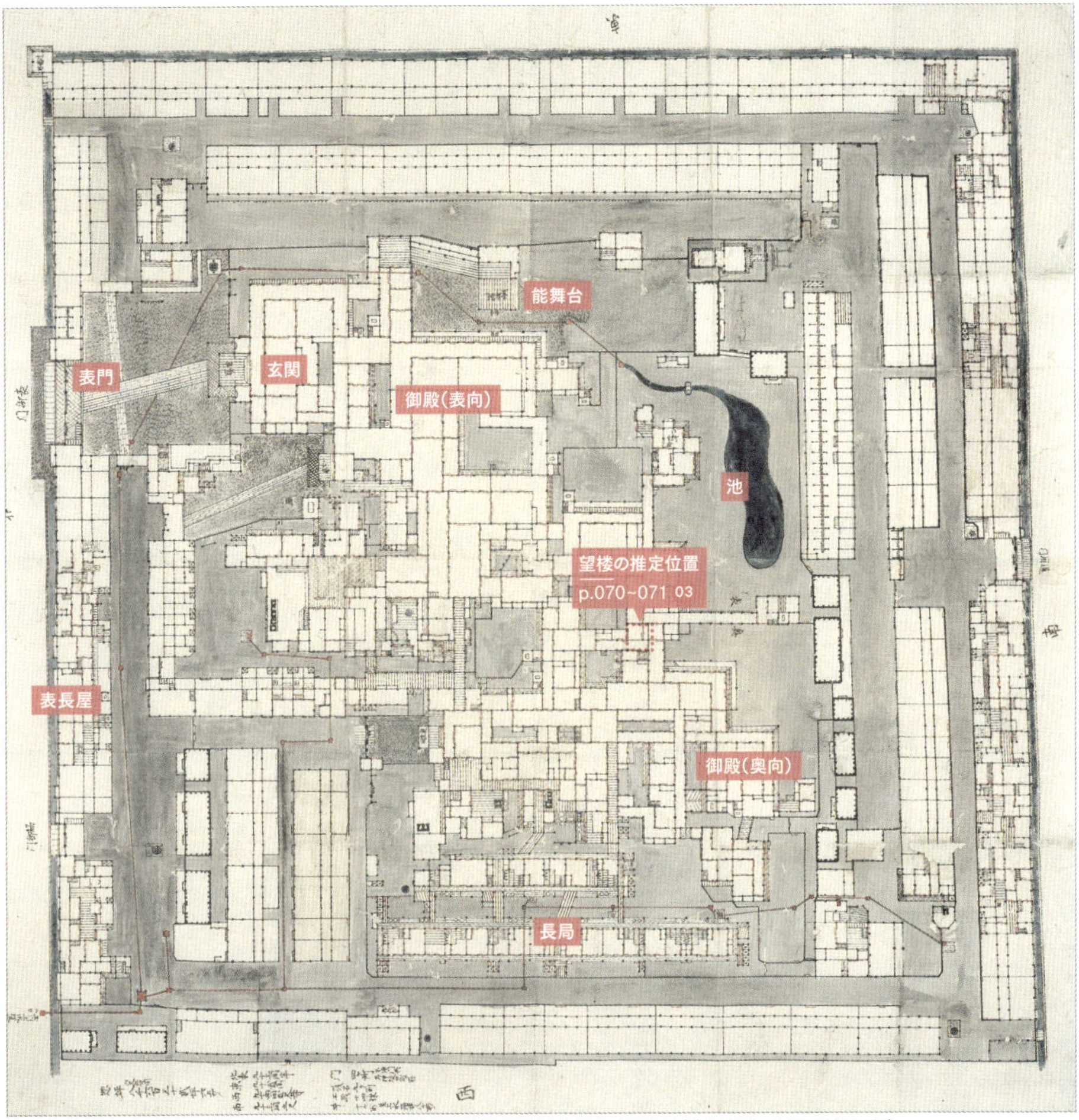

■1 松山藩松平家上屋敷 嘉永4年(1851)「江戸芝愛宕下松山御上屋敷図」(伊予史談会文庫所蔵)

■2 松山藩松平家上屋敷 p.070~071 02、p.078 02

にあたって国元の松山から材木を運び、大工も呼び寄せてつくった「素晴らしく堅固《けんご》なるもの」で、安政の大地震*8でも破損しなかったという（『鳴雪自叙伝』）。

松山藩上屋敷は、向かって左手（北側）の道沿いに表門があり、周囲には表長屋、その内部に御殿、右手の木立（南側）のある部分が絵図に池が描かれた庭園だった。御殿の屋根の連なりのうち、左手の表門側が表向《おもてむき》*9、右手前が奥向《おくむき》となる。庭園に面した部分に一段と高い屋根が突き出ているが、これはおそらく三階建ての「望楼《ぼうろう》」03ともいうべき座敷と思われる（■1）。なお、同様の「望楼」は後掲の画面4・画面5に写る大名屋敷にも存在が確認される（■2、■3）。

江戸の建物は平屋か二階屋と思われがちだが、じつは大名屋敷には三階建ても設けられていた。屋敷絵図や文献には時折「御三階《おさんがい》」という名称が見え、それがこうした「望楼」形式の建物だったと考えられる。眼下の庭の眺めはもとより、市中の眺望を愉《たの》しむための座敷として、藩主やその家族が使用したのだろう。松山藩を例にとると、上屋敷ではこの写真以外に未確認だが、18世紀後半に三田の中屋敷（前述）に「御三階」があったことが文献史料で確認できる。中屋敷（現・イタリア大使館付近）は海にほど近い高台に立地しており、「御三階」からは江戸湾の眺望がほしいままに得られたはずだ。

参勤交代緩和令との関連でいえば、松山藩では藩主・松平勝成の夫人（鋼姫）が文久2年（1862）10月に江戸を発ち松山に向かった（「松山叢談」）。上屋敷の絵図（p.075 ■1）と写真を細かく照合すると、絵図に比べ写真では奥向の御殿・長局《ながつぼね》*10の一部を欠いているようだが、この時の夫人の帰国にともなうものかは定かではない。

*8 **安政の大地震**
安政2年（1855）10月2日に発生した地震。多くの建物が倒壊するなど、江戸市中が大きな被害を受けた。安政江戸地震。

*9 **表向《おもてむき》**
御殿の玄関に近い方。接客・儀礼の空間、また藩主の居住空間。表。⇔奥向。p.072 *2参照

*10 **長局《ながつぼね》**
一棟に多くの奥女中の部屋を設けた長屋状の建物。屋敷内の奥女中の住居。

■1 松山藩松平家上屋敷 望楼（中央） p.070~071 03

■2 佐伯藩毛利家上屋敷 望楼（中央） p.083 05

■3 菰野藩土方家上屋敷 望楼（中央） p.086~087 02

写真を読み解く

「愛宕山から見た江戸のパノラマ」画面3

撮影年代　文久3年（1863）（推定）

松山藩松平家上屋敷（中央）

01 浜御殿（現・浜離宮恩賜庭園）（奥の森）

05 化け銀杏（一関藩田村家上屋敷）

04 仙台藩伊達家上屋敷玄関（奥の大屋根）

03 火の見櫓

06 築地本願寺本堂

07 旗本井戸家屋敷

08 長岡藩牧野家中屋敷（手前）

画面3

遠くに見える大建築

イギリスの外交官アーネスト・サトウ[1]は、江戸の大名・旗本屋敷は長屋に囲われているため、路上からは主人の住む母屋《おもや》が見えず、「屋敷の内部の模様はただ愛宕山の頂上から見ることができるだけ」だったと書き残している（『一外交官の見た明治維新』）。たしかに山頂からは、近隣の屋敷の敷地内部がよく見えるが、とくに眼下の長岡藩牧野家中屋敷[2] 08 は、藩主家族が住む御殿の建物を近距離から見下ろすかたちとなっていた。サトウによれば、「衆人がこれらの家庭の様子をのぞくといけないので、愛宕山の上では望遠鏡の使用が厳重に禁じられていた」（同前）という。

以下この画面では遠景に注目したい。横に長く広がる森は将軍家の別邸・浜御殿[3]（現・浜離宮恩賜庭園）01、その手前の松山藩松平家上屋敷[4] 02 の左手には細く伸びる一本の樹木が見えるが、これは一関《いちのせき》藩田村家上屋敷[5]内の化銀杏《ばけいちょう》05 だ（■1）。低い家並みの中にあって天を突くその姿は、江戸湾を航行する船からよい目印になったという。なお、田村家上屋敷は元禄14年（1701）に江戸城内松の廊下で刃傷《にんじょう》におよんだ浅野内匠頭《あさのたくみのかみ》[6]が預けられ、即日切腹に処せられた地としても知られる。化銀杏と重なるように遠くに写っている千鳥破風《ちどりはふ》[7]つきの建物は、汐留の仙台藩伊達家上屋敷[8]の玄関 04。かなり手前（化銀杏のすぐ近く）の苗木《なえぎ》藩遠山家上屋敷[9]（外様1万石）の玄関とほぼ同じ大きさに写っており、62万石の国持《くにもち》大名・伊達家の建物がいかに大規模であったかがうかがえる。さらに左手の遠景には、築地本願寺本堂[10] 06 の巨大な屋根が周囲から浮き上がって見えている（■2）（写真12参照）。

＊1 **アーネスト・サトウ** 1843～1929。イギリスの外交官。

＊2 **長岡藩牧野家** 越後国（新潟県）長岡に藩庁を置いた藩。譜代大名、7万4000石。

＊3 **浜御殿** 現・浜離宮恩賜庭園。江戸期は将軍家の別邸。

＊4 **松山藩松平家** p.074 ＊5参照。

＊5 **一関《いちのせき》藩田村家** 陸奥国（岩手県）一関に藩庁を置いた藩。外様大名、3万石。

＊6
浅野内匠頭《あさのたくみのかみ》
1667〜1701。赤穂藩主。名は長矩（ながのり）。『忠臣蔵』で有名。

＊7
千鳥破風《ちどりはふ》
屋根の斜面に取り付けた破風（合掌形の板）。

＊8
仙台藩伊達家
陸奥国（宮城県）仙台に藩庁を置いた藩。外様大名、62万石。藩祖は伊達政宗。

＊9
苗木《なえぎ》藩遠山家
美濃国（岐阜県）苗木（中津川市）に藩庁を置いた藩。外様大名、1万石。同家上屋敷となったのは文久3年（1863）6月（「屋敷渡預絵図証文」）。

＊10
築地本願寺
築地にある浄土真宗本願寺派の別院。

■1 化銀杏（一関藩田村家上屋敷） p.078〜079 05

■2 築地本願寺本堂 p.079 06

「愛宕山から見た江戸のパノラマ」画面4

撮影年代　文久3年（1863）（推定）

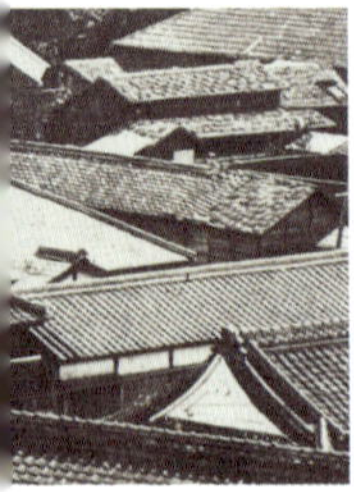

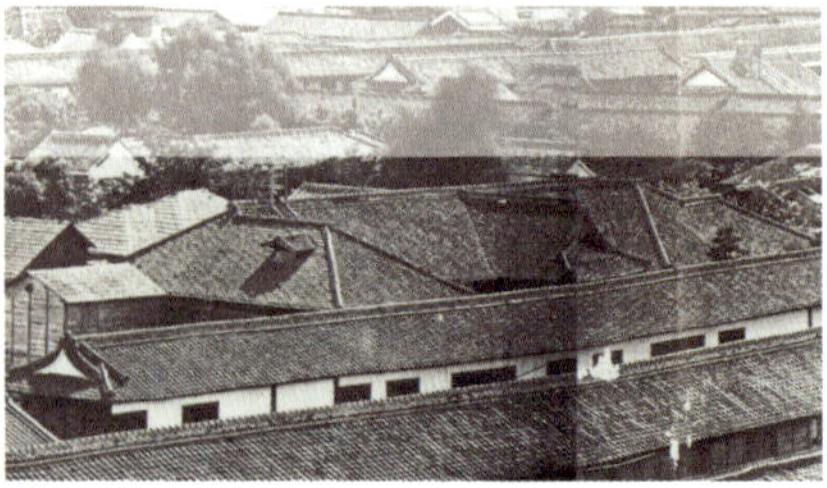

01 旗本土岐家屋敷（中央）

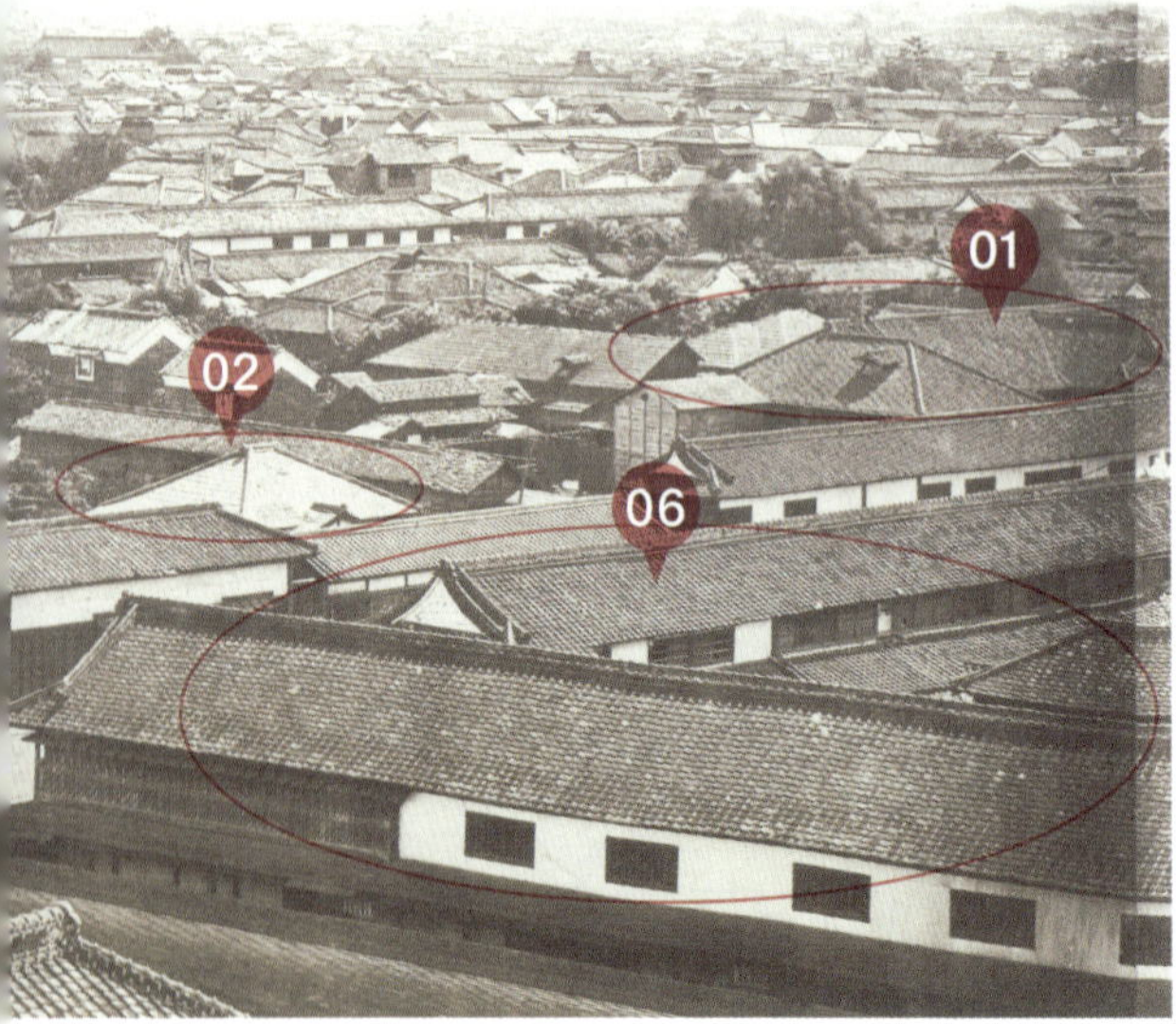

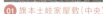

04 旗本松平家屋敷

03 旗本小出家屋敷(中央)

02 旗本林家屋敷(

05 佐伯藩毛利家上屋敷 望楼(中央)

06 長岡藩牧野家中屋敷(手前)

07 真福寺表門

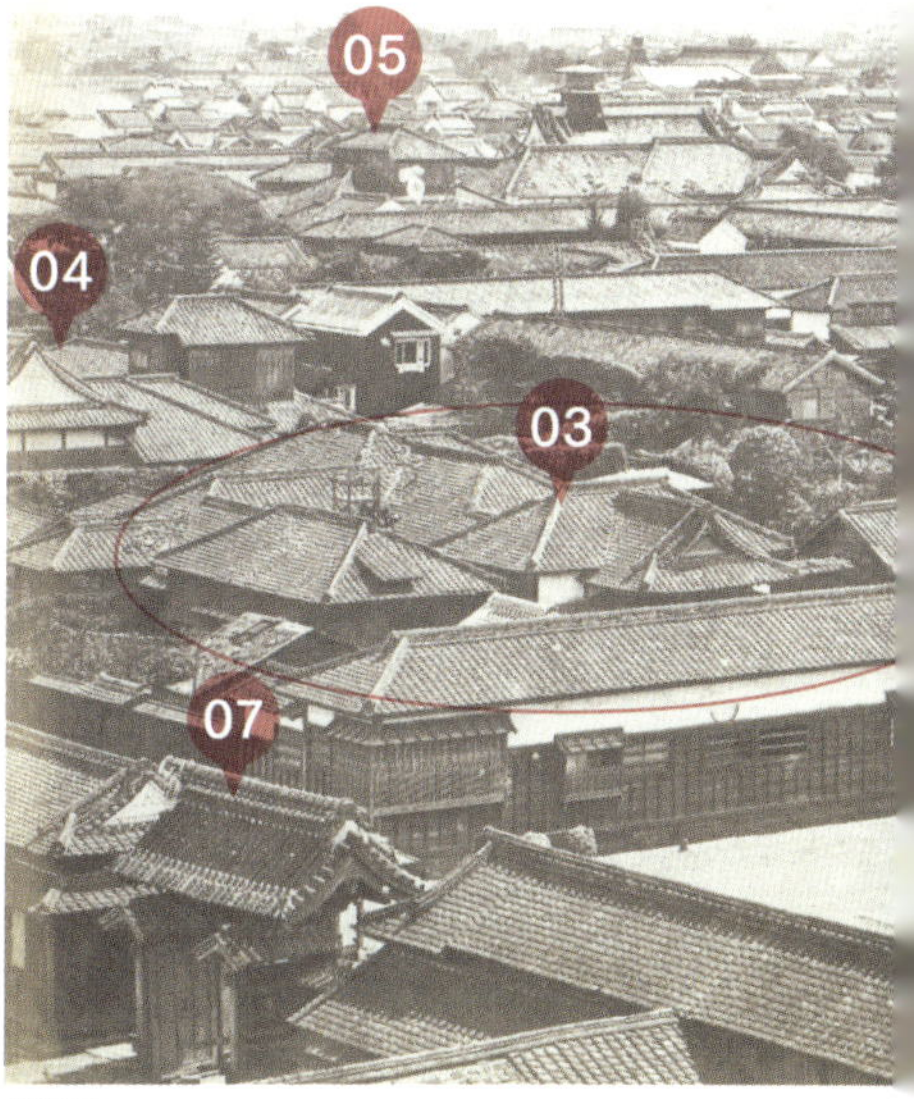

画面4

旗本屋敷の格差

撮影の前年、文久2年（1862）の地図（■2）によれば、画面4の左手前、角地にあるのは小出助四郎03（p.085 B）、その右が林伊太郎02（同C）、左（一部が写る）が松平銈三郎《けいざぶろう》04（同A）、といういずれも旗本の屋敷である（あらためて、3屋敷を一画面に収めた。■3）。家禄高《かろくだか》（基本的な収入）は、松平が3000石、小出が1000石、林が100俵《ぴょう》で、3家の間には歴然とした格差があった（松平の収入は林の30倍）。表（■1）では各家の家禄高、敷地坪数、建築形式（屋根形式）についてまとめ、カッコ内に林を1とした時の比率を示した。*1

屋敷地の坪数には家禄高ほどの隔たりはないが、表長屋と主屋の建物を見ると形式・規模ともに異なっており、とくに屋根形式には入母屋《いりもや》→寄棟《よせむね》→切妻《きりづま》*2という序列があったことが明らかだ。また建物の棟高（屋根の高さ）も違い、林の屋敷の寄棟屋根の主屋にいたっては板葺《いたぶき》*3である。

言うまでもなく、江戸の社会では身分と序列がはっきりと定められていた。武家においては基本的な収入である家禄高が家によって決まっており、旗本身分の内部にも大きな格差・序列があった。旗本屋敷の建築の格差についてはこれまでほとんど検討されてこなかったが、この写真が示すように、その建築形式と規模は明らかに家禄高の格差を反映している。ただし、旗本屋敷の建築形式についての明文化された規定は、江戸期を通じて見いだせない（敷地面積には規定があった）。家禄高に応じて、どの建築形式を用いるのか、社会通念上の規範があったと考えるべきだろう。

*1 実収入は石高の35％であり、1000石ならば350石。一俵は3斗5升入りなので、100俵は35石に相当する。

＊2 入母屋《いりもや》、寄棟《よせむね》、切妻《きりづま》

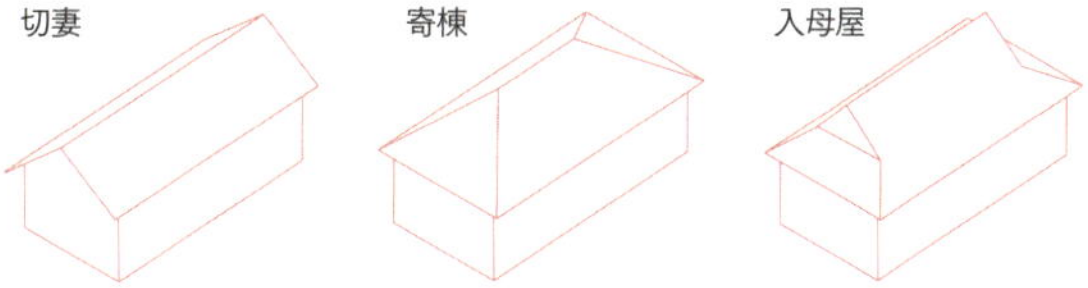

＊3 板葺《いたぶき》
屋根を板で葺くこと。柿葺（こけらぶき）ともいう。

	当主名	家禄高	敷地坪数	表長屋	主屋
A	松平鉎三郎	3000石(30)	922(5.0)	入母屋	入母屋
B	小出助四郎	1000石(10)	700(3.8)	寄棟	寄棟
C	林伊太郎	100俵(1)	185(1)	切妻	寄棟

■1 各家の建物の屋根形

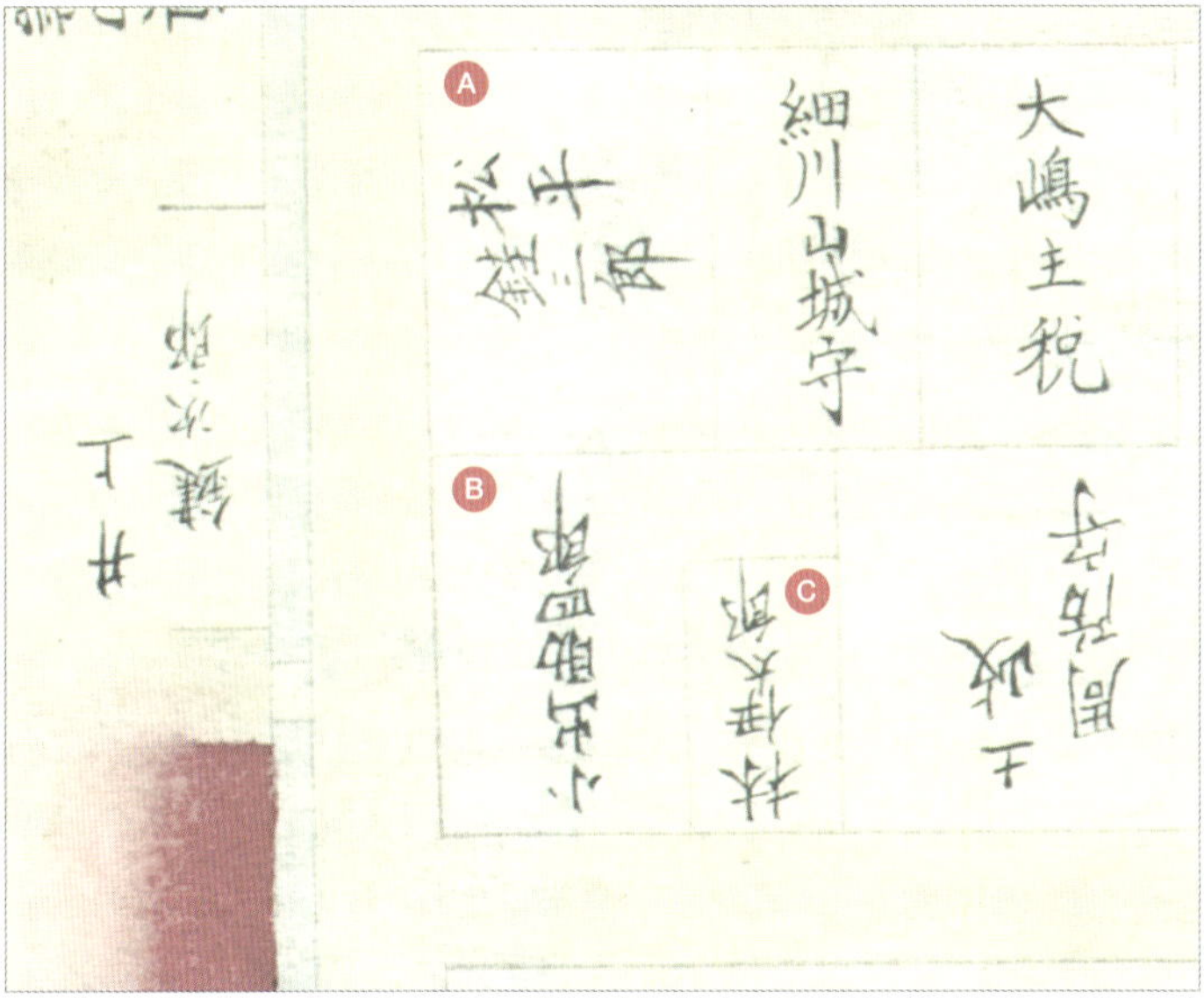

■2 旗本屋敷の配置 文久2年(1862) 「御府内往還其外沿革図書」(国立国会図書館所蔵)

■3 松平家屋敷(左) 小出家屋敷(中) 林家屋敷(右) 画面4・画面5 部分

「愛宕山から見た江戸のパノラマ」画面5

撮影年代　文久3年（1863）（推定）

水口藩加藤家上屋敷（中央）

01 旗本松平家屋敷（中央）

02 菰野藩土方家上屋敷 望楼（中央）

03 一関藩田村家中屋敷（板囲いの手前）

画面5

06 真福寺

05 松代藩真田家中屋敷（中央）

真田家の空き地

画面の左手真下の建物は愛宕山北側の真福寺《しんぷくじ》*1 06（■2）。撮影と同年、文久3年（1863）4月作成の絵図（■3）によれば、玄関の後ろは台所、左手の白い破風《はふ》（屋根の三角形の部分）をこちらに向けた屋根は書院のものだ。左手前には本堂にあたる薬師堂があるはずだが、斜面の陰になり写っていない。

その背後の松代藩真田家中屋敷*2 05を見ると、敷地の通り沿い（右手と奥）には表長屋《おもてながや》が建っているものの、内側は空き地だ（■1）。すなわち、本来あるはずの御殿や内長屋《うちながや》（敷地内部の長屋）が、なぜか撤去されている。表長屋も窓をよく見ると障子紙《しょうじがみ》が破れ、すでに空き家のようだ。またその右手、一関藩田村家中屋敷*3 03には、本来あるはずの敷地西側（左手）の表長屋がなく、奥には板囲いも見える。

文久2年（1862）閏8月の大名家族の帰国許可令（参勤交代緩和令）により、真田家では同年中に藩主・真田幸教《ゆきのり》の夫人・真晴院、翌3年には幸教の義母・貞松院が松代に引っ越し、同時に多くの藩士も帰国した（「真田家文書」）。この中屋敷に藩主の家族が住んでいたかどうかは不明だが、新シ橋《あたらしばし》*4の上屋敷にほど近く通勤に便利な場所であり、少なからぬ藩士が住んでいたはずだ。そうした屋敷の無人化は、やはり前年の参勤交代緩和・帰国許可令を受けてのこととみるのが妥当だろう。

*1 **真福寺《しんぷくじ》**
新義真言宗の寺院。同宗の触頭（ふれがしら）。

*2 **松代藩真田家**
信濃国（長野県）松代（長野市）に藩庁を置いた藩。外様大名、10万石。

*3 **一関藩田村家**
p.080 *5参照。

*4 **新シ橋《あたらしばし》**
新橋とは別の橋。現・虎ノ門駅付近。

■1 松代藩真田家中屋敷 p.086~087 05 一関藩田村家中屋敷(右上隅、板塀の手前) p.086~087 03

■2 真福寺 p.086~087 06

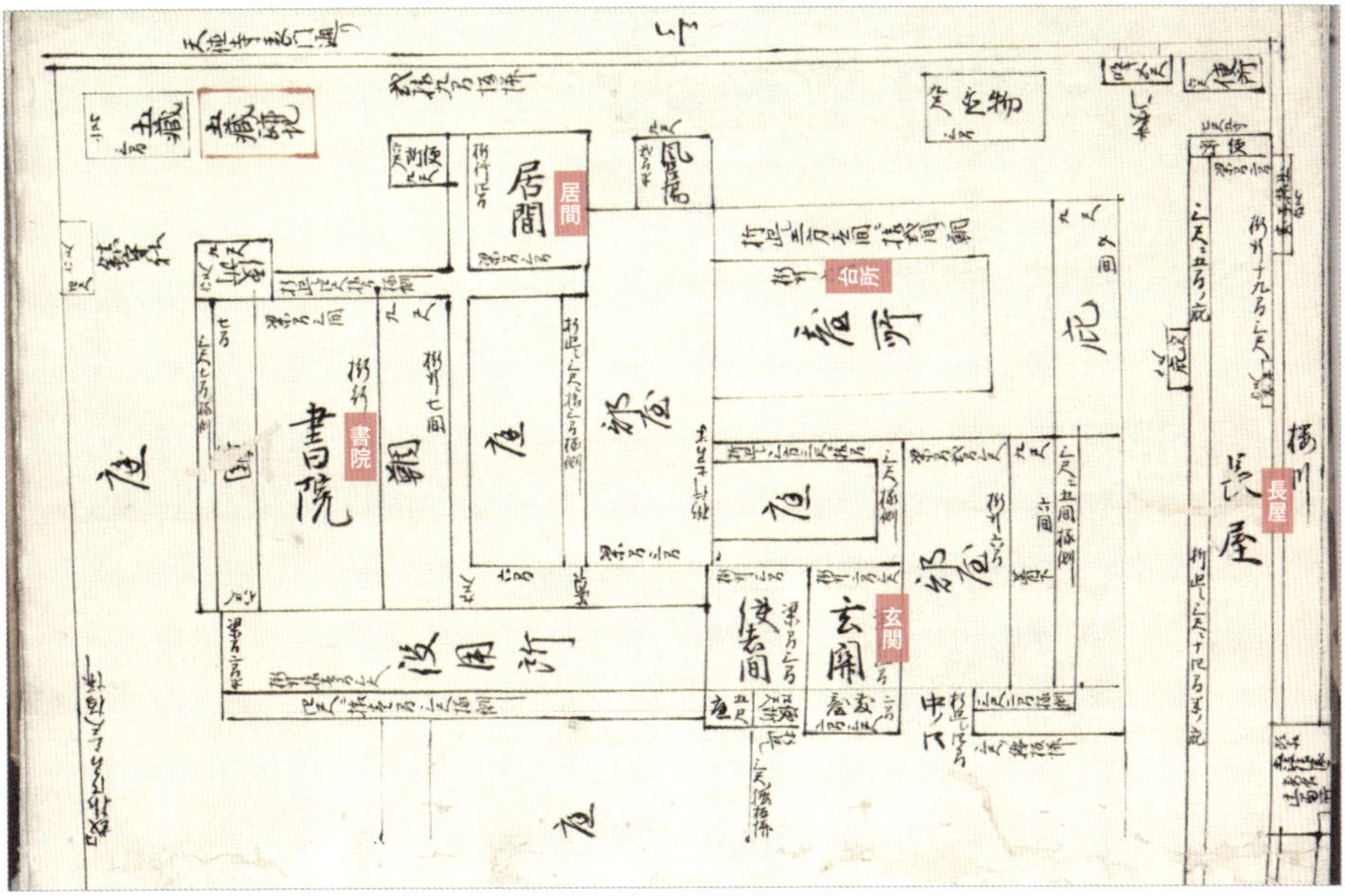

■3 真福寺庫裏 文久3年(1863)「諸宗作事図帳」(国立国会図書館所蔵)

写真を読み解く

「天徳寺」

『ファー・イースト』1871年6月16日（明治4年4月29日）号掲載

高須藩松平家霊屋

02 本堂跡

01 尾張藩徳川家廟所（塀の右側）

松江藩松平家霊屋（中央）

03 尾張藩徳川家霊屋

17 天徳寺門前（広小路門前）

10 庫裏

18 光明寺本堂

11 葺手町

19 鯖江藩間部家屋敷

12 出石藩仙石家上屋敷

20 某家墓所

13 神谷町

21 塔頭長谷院

14 大養寺（中央）

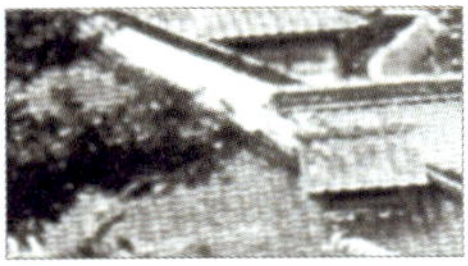

22 塔頭長元院

15 西久保八幡社

08 玄関

06 福井藩松平家霊屋

23 塔頭和合院

16 飯倉町一丁目

09 津山藩松平家霊屋（中央）

07 客殿（中央）

「絵のような美しい墓地」

愛宕山の裏側（西側）には、天徳寺《てんとくじ》*1という浄土宗寺院の墓地が広がっていた。撮影地点は愛宕神社裏手の崖の中腹で、南西方向に向けてカメラが据えられた。

幕末に来日したドイツの地理学者リヒトホーフェン*2は、この風景を実際に目にしており、その時の印象を同日（1860年12月22日、万延元年11月11日）の日記に記している。やや長くなるが、画面の風景そのものの説明になっているので、次に引用したい。

「私はルチウス（引用者注、ドイツ人医師）と愛宕山へ散歩をした。我々は西側の傾斜地にある墓地を訪ねたが、これは私がこれまで見た墓地の中で最大の、もっとも美しいものだった。ここのように絵のような美しい墓地をまだほかの国で見たことはなかった。…（中略）…ここで絵のような魅力を高めているのは、山の斜面に沿って墓地が上っていることだ。それは階段状になっており、各階段は墓石で占められている。…（中略）…墓地の一番上のテラスからの眺めは素晴らしい。傾斜地に多数の墓があり、丘の麓にはより多くの墓があって遠くまで広がっている。そして墓地を取り囲んでいる家々の裏側と隣の市街区の屋根が見え、さらに反対側に緑の丘があり、これらが一体になって真に日本的性格のとても美しい光景を作っている」（『リヒトホーフェン日本滞在記』）。

天徳寺は浄土宗の有力寺院で、江戸期には11家の大名の菩提寺であった。笠つきの墓石あるいは五輪塔《ごりんとう》*3を石造の玉垣（柵）で囲んだ墓所が目につくが、それらは明らかに身分の高い武家のものだ。

*1 **天徳寺《てんとくじ》**
現・港区虎ノ門所在の浄土宗寺院。境内には広い墓地と多くの塔頭があった。

*2 **フェルディナント・フォン・リヒトホーフェン**
1833〜1905。ドイツの地理学者。東西交渉路をシルクロードと命名したことで知られる。

*3 **五輪塔《ごりんとう》**
地・水・火・風・空の五大をかたどった五つの部分からなる塔。墓標として用いられた。

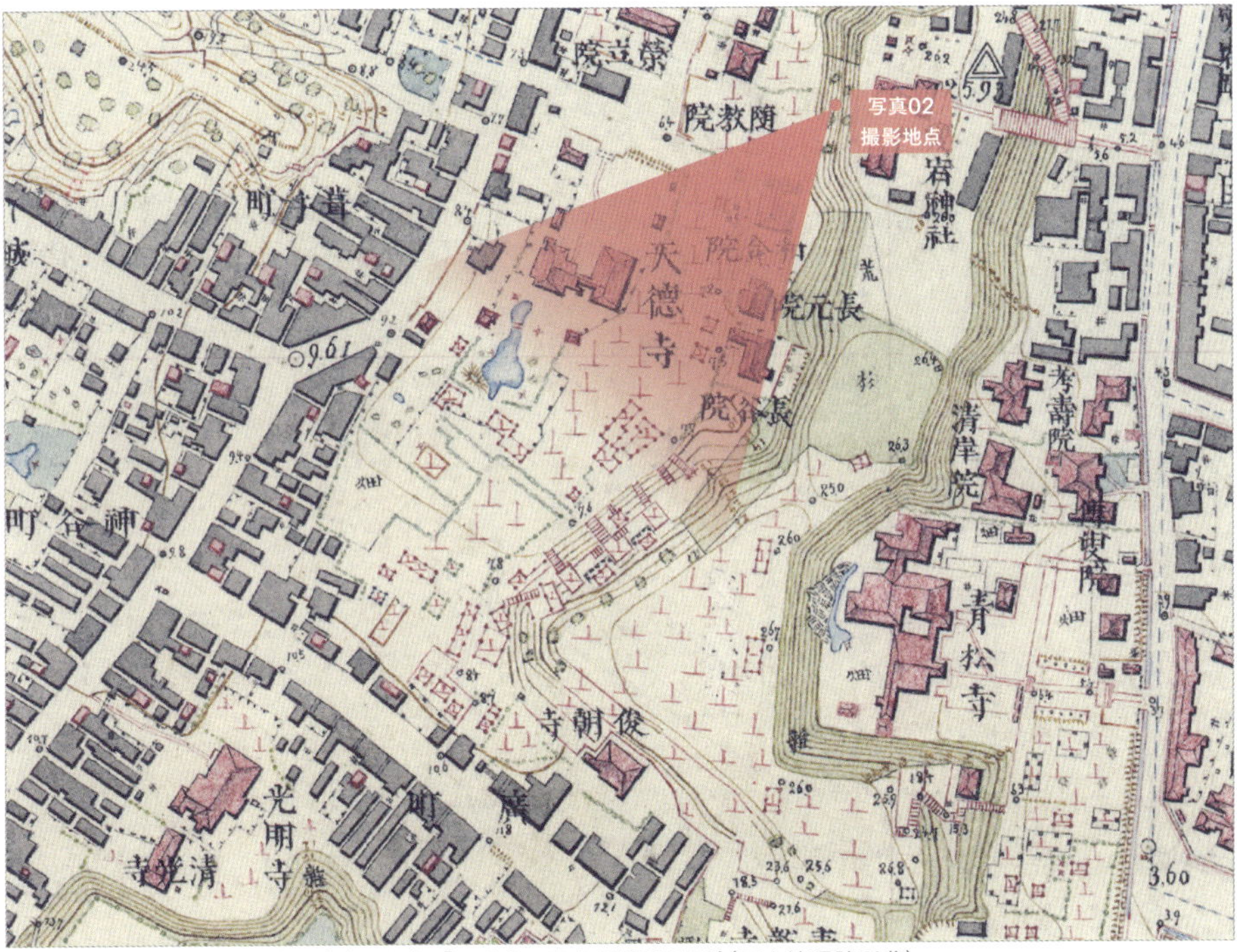

■1 撮影地点と天徳寺 明治17年(1884) 『五千分一東京図測量原図』(国土地理院所蔵)

■2 斜面中腹の墓所 p.091 20

■3 旧松平不昧墓所門 (現・護国寺円成庵・不昧軒表門)

墓地の右手に天徳寺の建築群、左手前には塔頭《たっちゅう》*4の建物㉑㉒㉓が並ぶ。そして遠景には、谷筋を埋める町⑪⑬⑯⑰の家並みと、高台の大名屋敷⑫⑲からなる江戸山の手特有の都市構造と風景がとらえられている。大名屋敷や寺社⑭⑮は豊かな緑に覆われている。

天徳寺の建築群については、画面ときわめてよく一致する同時期の絵図がある（■1）。同絵図によれば、玄関⑧裏の客殿⑦を取り囲むように配置されていたのは、5家の大名檀家の霊屋《たまや》*5⑨⑥⑤④③だ。このうち、津山⑨・福井⑥・松江⑤の各松平家の霊屋は、絵図に記された「土蔵」という形式が写真によって確かめられる。ただし、文久3年（1863）の境内図（「諸宗作事図帳」）と比べてみると、画面では「公儀御霊屋《こうぎおたまや》」（将軍家の霊屋）のほか数棟の「諸家位牌所《いはいじょ》」が失われており、幕末維新期を経て同寺が衰微していった状況をうかがわせる。

画面の右手、板囲いを施された部分②は、嘉永3年（1850）の大火で焼失した本堂の跡地。焼失前の本堂は、東西15間・南北14間という大規模な建築であった（「諸宗作事図帳」）。その後、仮設の本堂が建てられていたが、それも文久3年（1863）に失火で焼けてしまう（『武江年表』）。その手前の瓦屋根付きの塀で囲われた部分は、御三家の尾張徳川家*6の廟所《びょうしょ》①だ。

画面の左手奥に目を向けると、崖の中腹に門と玉垣に囲まれた墓所が二つ並んでいる⑳（p.093 ■2）。両墓所のむくり屋根*7の門は大正15年（1926）、護国寺《ごこくじ》*8に移築され、茶寮の門として現存する松江藩主・松平不昧《まつだいらふまい》*9の墓所門（p.093 ■3）とよく似ている。天徳寺時代の正確な位置は未詳だが、「愛宕山裏手の中腹」（永井荷風『断腸亭日乗』大正13年2月28日）にあったというから、あるいはどちらかが大名茶人・不昧の墓なのかもしれない。

*4 **塔頭《たっちゅう》**
本寺の境内にある末寺院。

*5 **霊屋《たまや》**
霊魂をまつってある建物。霊廟（れいびょう）。

*6 **尾張藩徳川家**
尾張国（愛知県）名古屋に藩庁を置いた藩。家康の子・義直を藩祖とする徳川御三家のひとつ。62万石。

*7 **むくり屋根**
上に向かって凸型に湾曲した屋根。

*8 **護国寺《ごこくじ》**
文京区大塚にある真言宗豊山派大本山。天和元年（1681）に創

建。5代将軍綱吉の生母・桂昌院（けいしょういん）の開基。

＊9 **松平不昧《まつだいらふまい》**
1751〜1818。松江藩主。名は治郷（はるさと）。大名茶人として名物を収集、同藩下屋敷大崎邸に多くの茶室を建てた。

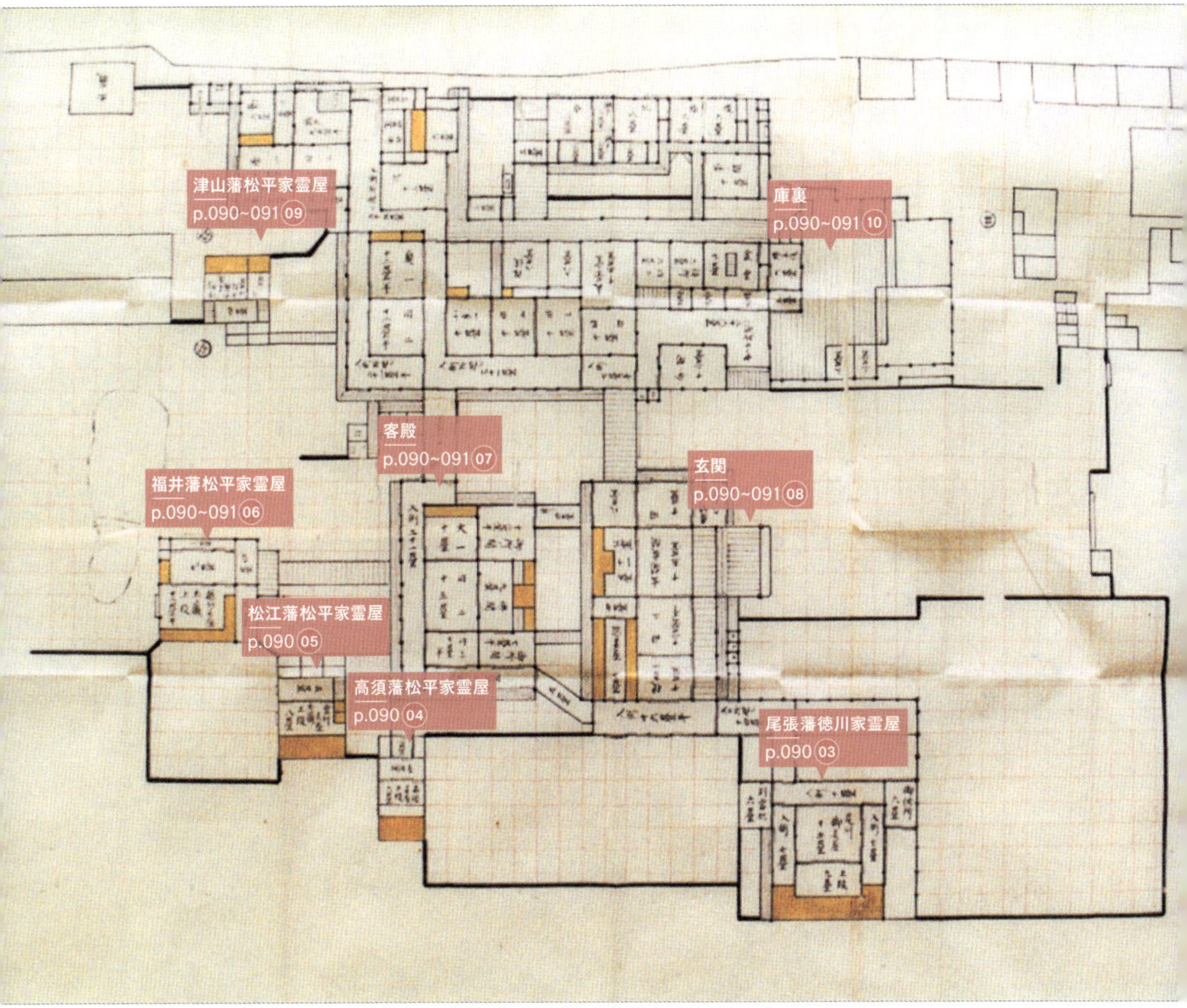

■1 天徳寺の建物 「寺々御廟所大法図」（松平文庫所蔵、福井県立図書館寄託）

PHOTO
写真 01
写真 02
写真 03
写真 04
写真 05
写真 06
写真 07
写真 08
写真 09
写真 10
写真 11
写真 12
写真 13
写真 14
写真 15
写真 16
写真 17
写真 18
写真 19
写真 20

AREA
I 愛宕山
II 江戸城
III 霞ヶ関
IV 永田町
V 日本橋
VI 築地
VII 赤坂
VIII 御茶ノ水
IX 羅漢寺

II 江戸城

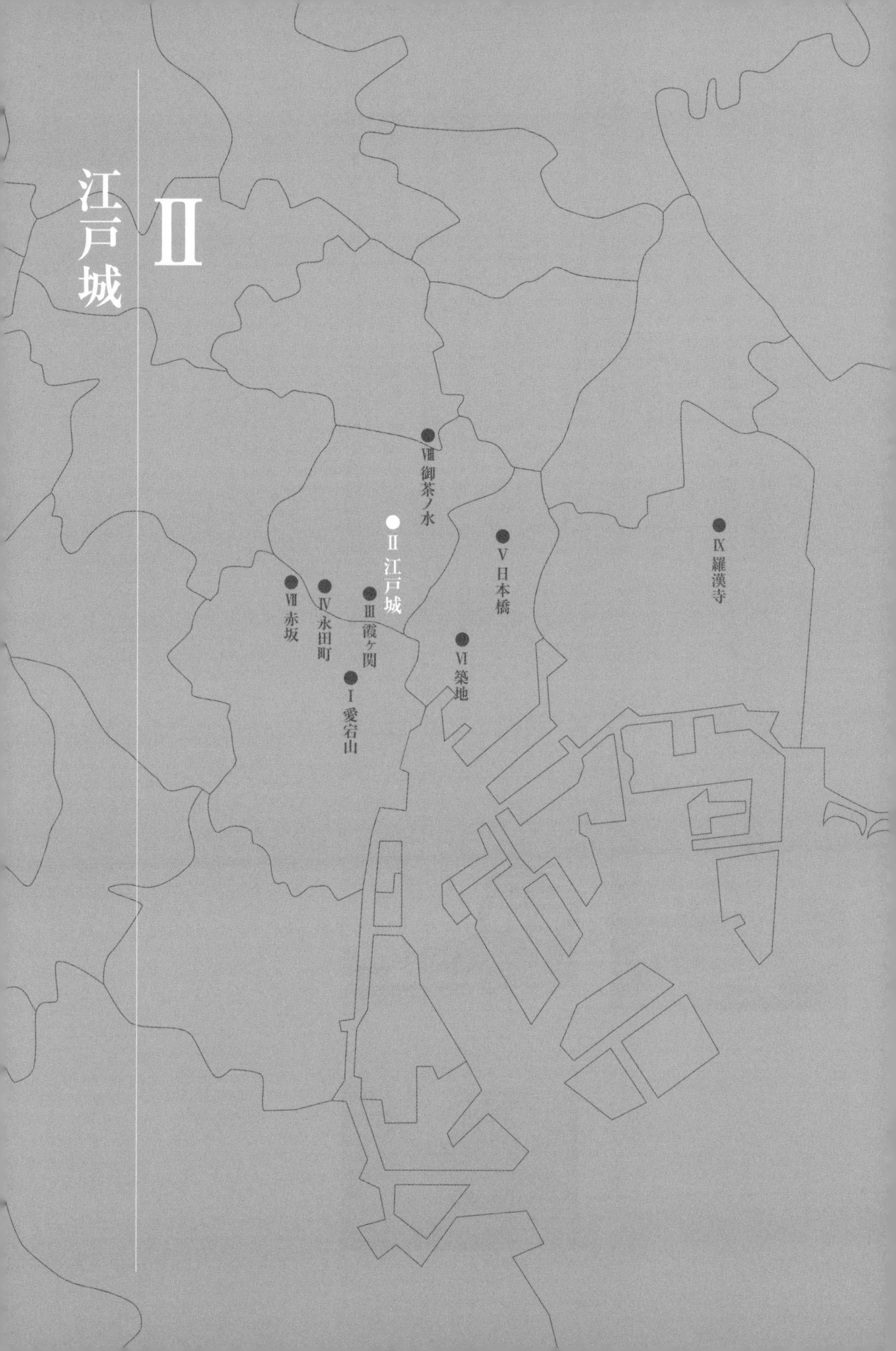

江戸↕現代

徳川将軍家の居城・江戸城には多数の櫓《やぐら》や城門のほか、広大な御殿が存在した。将軍の居所・幕府政庁だった本丸御殿、大御所（前将軍）や世嗣《せいし》（次期将軍）が暮らした西丸《にしのまる》御殿などである。ただし、維新時に残っていたのは、幕末に再建された西丸御殿だけで、そこが明治天皇の居所とされた。しかしその旧西丸御殿も明治6年（1873）に炎上、焼失してしまう。

写真03「蓮池巽《はすいけたつみ》三重櫓」 同櫓は二丸《にのまる》の南端、西丸下《にしのまるした》（現・皇居前広場）との間の濠（蛤《はまぐり》濠）に面して建っていた。現在、濠は手前の部分を残して埋め立てられ、櫓や多聞《たもん》はすべて失われたが、石垣隅の花崗岩《かこうがん》（白色の石）の配置は変わっておらず、同じ場所であることが確認できる。

写真04「旧西丸御殿」 本丸の南西部から南側の西丸方向を撮影。奥に屋根を連ねるのが、明治天皇・皇后の居所とされた旧西丸御殿。現在は手前に宮内庁庁舎、御殿跡に皇居宮殿が建っており、それらを見下ろす撮影地点に立つことはできない。

写真04

写真03

現在、同地点から撮影不可

写真04（現状）

写真03（現状）

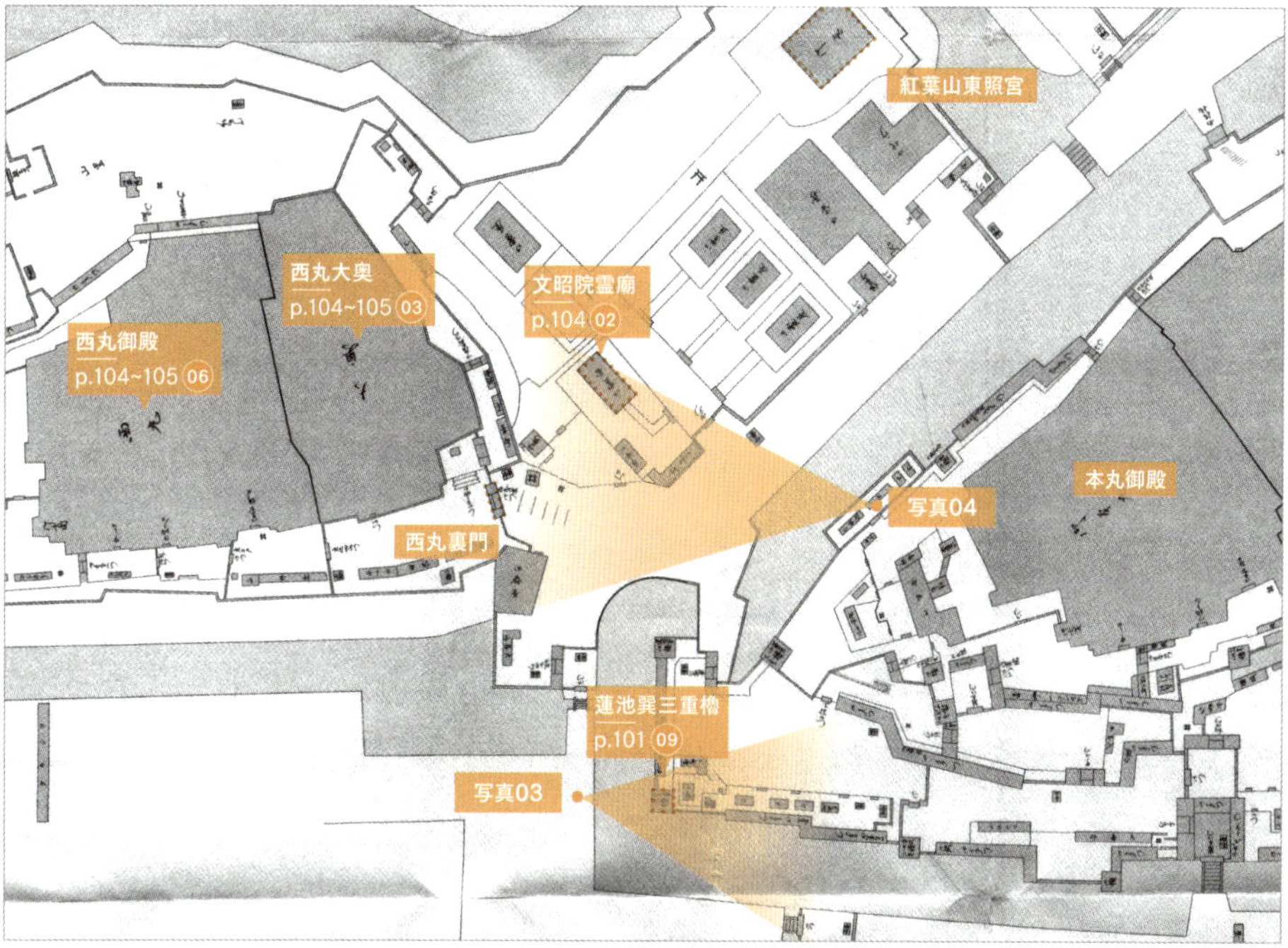

II　江戸城　江戸「御本丸西丸御城内総絵図」部分(『東京市史稿 皇城篇』附図)

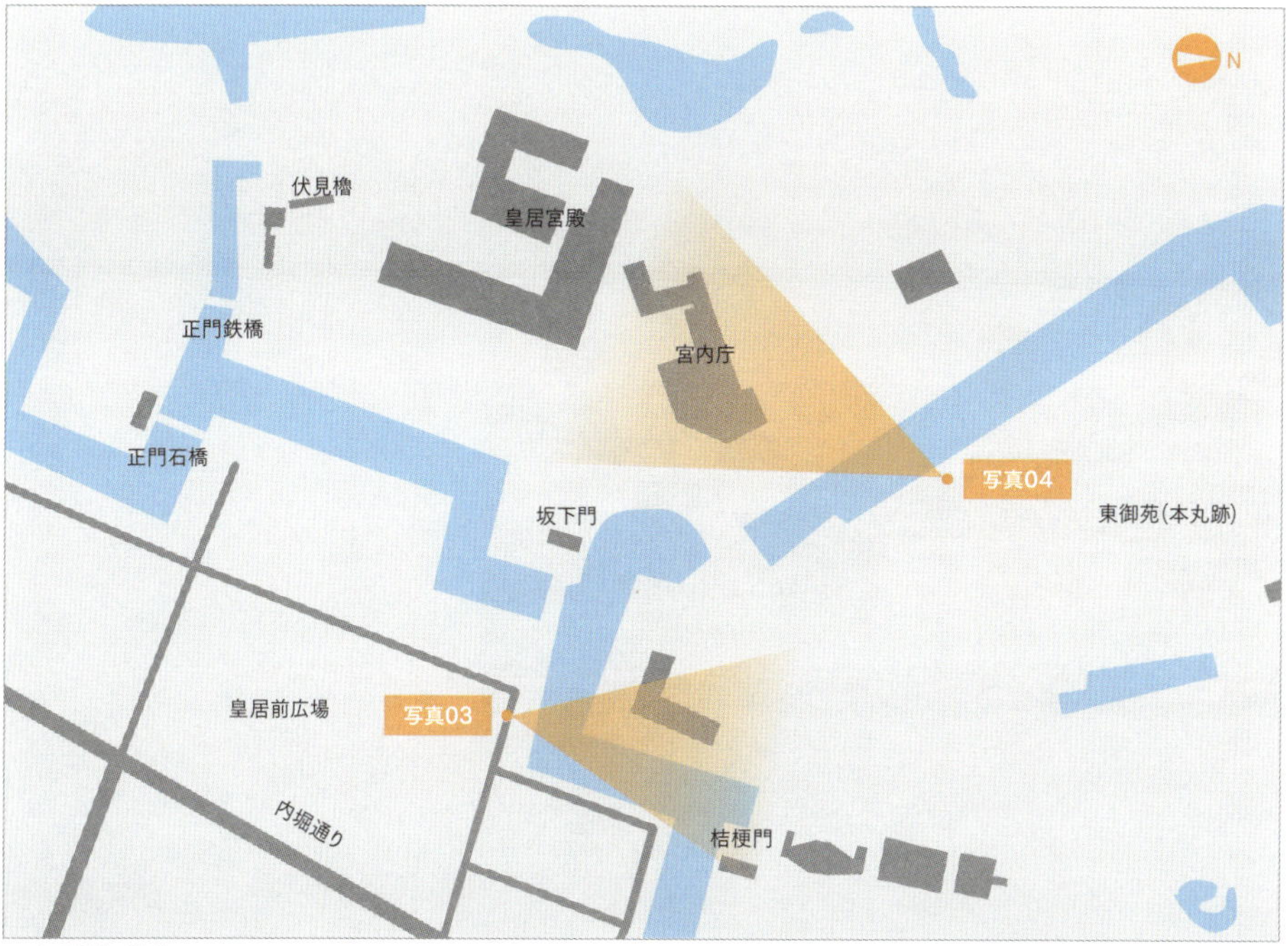

II　江戸城　現代

写真を読み解く

「蓮池巽三重櫓」

『ファー・イースト』1873年（明治6年）5月17日号掲載

02 渡櫓

01 内桜田門（現・桔梗門）

06 寺沢二重櫓（中央）

05 百人二重櫓の屋根（中央）

04 二丸巽三重櫓

03 高麗門（

07 弓矢多聞

08 玉薬多聞

09 蓮池巽三重櫓

建ち並ぶ櫓

画面左の蓮池巽三重櫓《はすいけたつみさんじゅうやぐら》09から奥に向かって、玉薬多聞《たまぐすりたもん》08、弓矢多聞07、寺沢二重櫓06、百人二重櫓05、二丸《にのまる》巽三重櫓04（■2）が並び建つ（■1）。撮影地点に選ばれたのは、二丸[*1]東面の石垣上に並んだ櫓と多聞《たもん》[*2]を一望できる場所だ。

蓮池巽三重櫓は大名屋敷の並ぶ西丸下《にしのまるした》[*3]側から最も目立つ位置に聳《そび》えていた。明暦3年（1657）の焼失後、天守が再建されなかった江戸城において、本丸[*4]の富士見櫓[*5]などとともに、城の象徴的存在だったと考えられる。一層目には手前と右側に千鳥破風《ちどりはふ》付きの石落とし[*6]（石垣より張り出した部分）が見える。だが維新期を経て、しばらく修復が行われなかったらしく、壁の剥がれ落ちが目につく。堀を挟んで右手は内桜田《うちさくらだ》門（現・桔梗《ききょう》門）01。西丸下と三丸《さんのまる》[*7]の間に設けられた城門だ。正面の高麗門《こうらいもん》[*8]03を入ると桝形《ますがた》[*9]があり、その右手に渡櫓《わたりやぐら》[*10]02が配置されていた。

慶応4年（1868）4月11日に開城した江戸城には、同年（明治元年、9月改元）10月から12月にかけて明治天皇が滞在、翌明治2年3月からは正式な居所とされ、「皇城《こうじょう》」と名を変える。天皇の住まいとなったのは、城の明け渡し前の将軍の居所、西丸御殿（写真04）だ。その一方で、櫓や多聞はもはや不用となったためか、維新後は傷みがあっても放置されていたようだ。ただし、それらの取り壊しについては記録を見いだせず、写真のような風景がいつまで残っていたのかは定かでない。

*1 **二丸《にのまる》** 本丸の外側の郭（くるわ）。江戸城では本丸の東側にあった。

*2 **多聞《たもん》** 城の石垣の上に築いた長屋状の建物。倉庫などに用いた。

*3 **西丸下《にしのまるした》** 西丸南側の郭。現・皇居前広場。江戸期は大名屋敷地。

*4 **本丸** 城の中心の郭。天守が築かれた。

＊5 **富士見櫓**
本丸南端に建つ三重櫓。

＊6 **石落とし**
床を前方につくりだして、防御のため石を落下させる装置。

＊7 **三丸**《さんのまる》
二丸の外側の郭。江戸城では二丸の東側にあり、城の正門である大手門が設けられた。

＊8 **高麗門**《こうらいもん》
左右の本柱に切妻屋根を架け、これと直角に控柱を本柱の背後に立て切妻屋根を架けた形式。城郭の門に用いる。

＊9 **桝形**《ますがた》
p.069 ＊12参照。

＊10 **渡櫓**《わたりやぐら》
左右の石垣にまたがるようにつくった櫓。下は門となって櫓門を構成する。

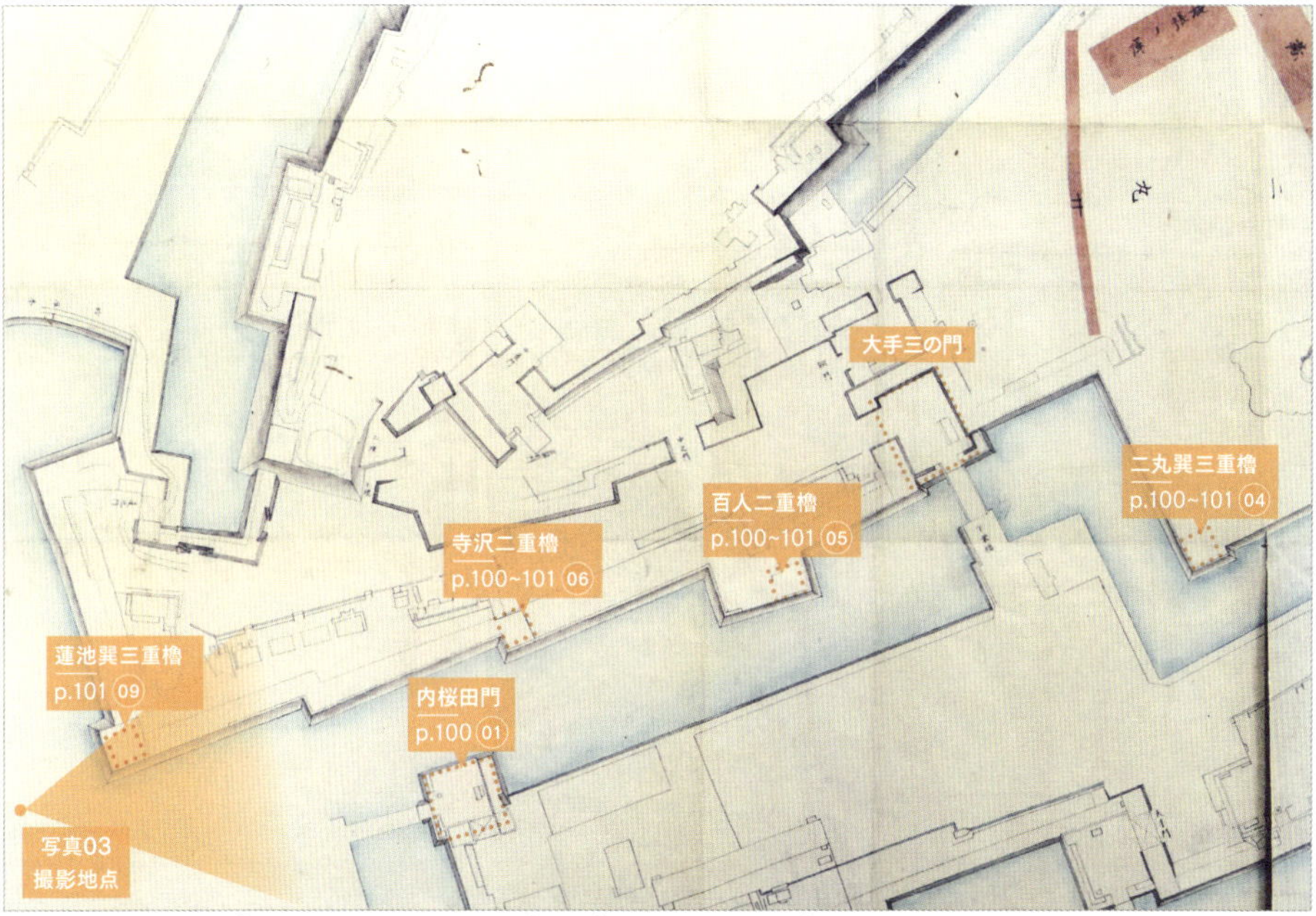

■1 撮影地点の周辺 「江戸城旧本丸及二丸之図」部分（国立公文書館所蔵）

■2 二丸巽三重櫓 p.100~101 04

写真を読み解く

「旧西丸御殿」

『ファー・イースト』1873年（明治6年）3月4日号掲載

文昭院霊廟跡（中央）

01 女官部屋（？）

04 伏見櫓

03（元）大奥の主要殿舎（中央の大屋根）

05 西丸裏門

06（元）西丸御殿

07 西丸書院門渡櫓

最後の将軍の御殿

文久3年（1863）、江戸城は相次ぐ火災によって城内すべての御殿を失ってしまう。この年の6月3日に西丸《にしのまる》*1御殿、同年11月15日に本丸御殿*2と二丸《にのまる》*3御殿が焼失したのである。当時西丸御殿には主《あるじ》がいなかったが、本丸御殿には14代将軍家茂《いえもち》*4と正室和宮《かずのみや》*5、二丸御殿には天璋院《てんしょういん》*6（篤姫《あつひめ》）と本寿院《ほんじゅいん》*7が暮らしており、火災後、家茂と和宮は北丸《きたのまる》の田安《たやす》*8邸、天璋院と本寿院は清水邸*9を仮住まいとした。

その後、最初に再建されたのは西丸御殿であった。翌元治元年（1864）に竣工し、7月1日に家茂・和宮夫妻が戻る。次いで二丸御殿が慶応元年（1865）に再建され、4月29日に天璋院、5月3日に本寿院が清水邸から引き移った。しかし二丸御殿は同3年（1867）12月23日に再び焼失、天璋院と本寿院は家茂夫妻の住む西丸御殿に移る。

鳥羽伏見の戦*10における敗戦後の慶応4年正月12日、江戸に帰還した15代将軍慶喜《よしのぶ》*11が入ったのも、この西丸御殿だ。そこで慶喜は天璋院、和宮と対面、朝廷に対し自らの助命と徳川家存続を嘆願することとなった。2月12日、慶喜は城を出て寛永寺《かんえいじ》*12で謹慎、和宮は4月9日に清水邸、天璋院は10日に一橋《ひとつばし》*13邸に退き、翌11日、江戸城は官軍に明け渡された。

以上のように江戸城では文久3年（1863）の火災後は、本丸御殿が再建されることはなく、元治元年（1864）再建の西丸御殿が将軍の居所および幕府政庁として使用された。それは江戸城開城時に存在した唯

*1 **西丸《にしのまる》**
江戸城で本丸の西南にあった郭。西丸御殿は大御所（隠居した前将軍）や世嗣（せいし、よつぎ）の住まいとなった。

*2 **本丸**
p.102 *4参照。

*3 **二丸《にのまる》**
p102 *1参照。

*4 **徳川家茂《とくがわいえもち》**
1846〜1866。
14代将軍。

*5 **和宮《かずのみや》**
1846〜1877。
仁孝天皇の第8皇女、孝

明天皇の妹。文久2年（1862）、徳川家茂に降嫁。

＊6 **天璋院《てんしょういん》**
1836〜1883。篤姫（あつひめ）。13代家定夫人（継室）。薩摩藩島津家出身。

＊7 **本寿院《ほんじゅいん》**
1807〜1885。お美津の方。12代家慶の側室で13代家定の生母。

＊8 **田安《たやす》邸**
北丸（きたのまる）西側にあった御三卿（ごさんきょう）田安徳川家の屋敷。

＊9 **清水邸**
北丸東側にあった御三卿清水徳川家の屋敷。

＊10 **鳥羽伏見の戦**
慶応4年（1868）正月3日、幕府軍と薩長軍が鳥羽・伏見で衝突した戦い。

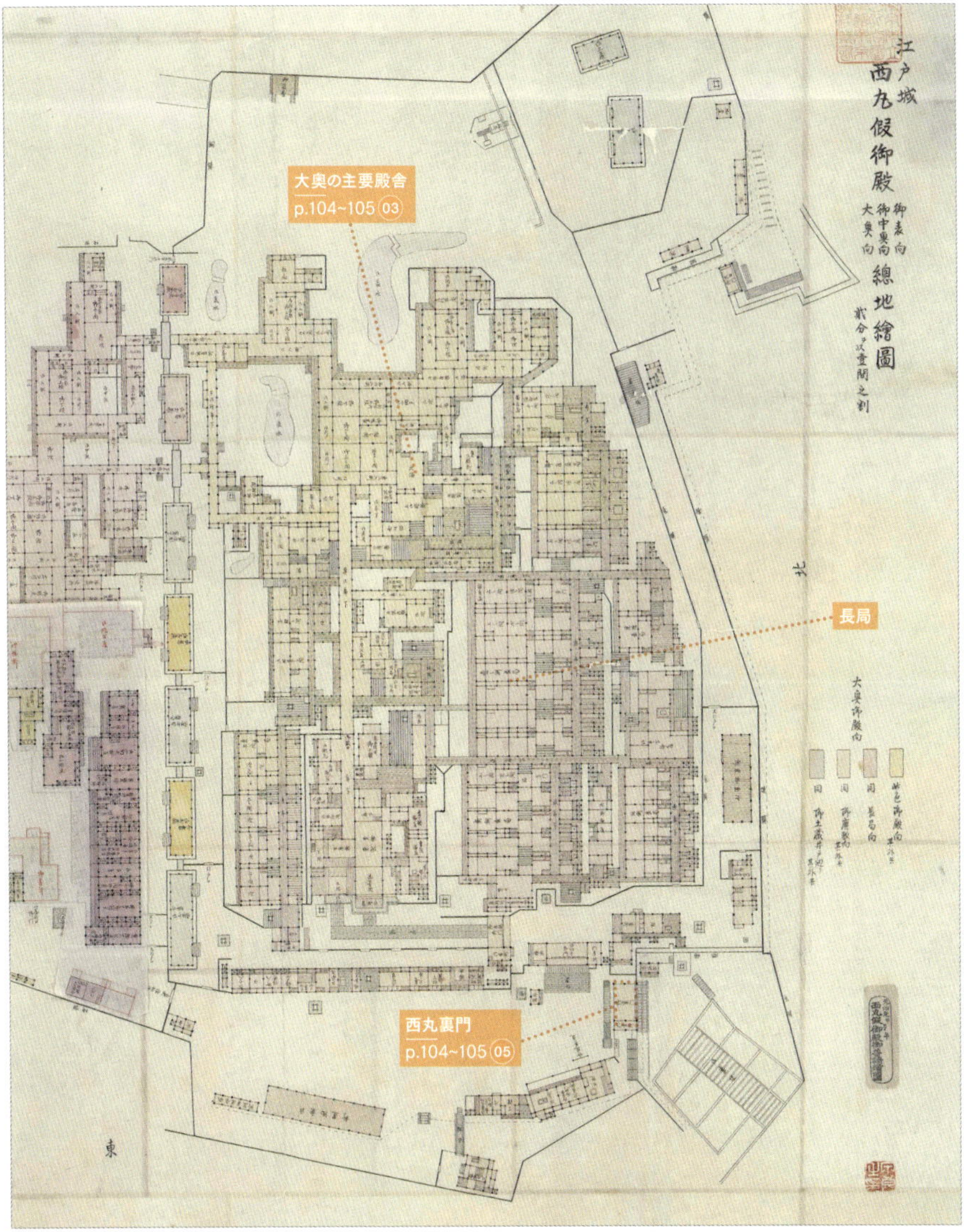

■1 西丸御殿「江戸城西丸仮御殿総地絵図」部分（東京都立中央図書館所蔵）

一の御殿でもあった。

明治2年(1869)3月、東京に再幸した明治天皇は以後この旧西丸御殿に定住する。同年10月には皇后(のちの昭憲皇太后)も京都からここに移った。旧時代の将軍の御殿は、改造を加えられ、天皇の住まいに転用されたのである。

写真は当時、天皇・皇后の居所となり、皇城と称されていた旧江戸城の西丸御殿06をとらえたもの。画面中央に切妻《きりづま》屋根の西丸裏門05が位置し、その背後に御殿の建築群が屋根を連ねているが、画面奥(南側)が江戸期の御殿の表《おもて》(将軍の居所)、右手が大奥(夫人の居所)03に相当する(p.107 ■1)。そのなかでもひときわ大きな屋根の建物は、大奥における主要な建物だったと思われる(■2)。

画面右手前は西丸北側に位置する紅葉山《もみじやま》*14の南端部。中央右寄りの木立の下は、維新後に撤去された文昭院《ぶんしょういん》(6代将軍家宣《いえのぶ》)の霊廟《れいびょう》跡02で、地面には石材か礎石のようなものが見える(■3)。

旧西丸御殿はこの写真が『ファー・イースト』に掲載された2か月後、明治6年(1873)5月5日の火災で焼失する。天皇・皇后は赤坂離宮(旧紀州藩中屋敷、写真14参照)に退避し、以後は同離宮が仮皇居とされた。新たな宮殿(明治宮殿)は、それから15年を経た明治21年(1888)なってようやく旧西丸の地に落成、翌22年1月、旧江戸城は再び天皇・皇后の住まいとなった。

*11 **徳川慶喜**《とくがわよしのぶ》
1837〜1913。15代将軍。

*12 **寛永寺**《かんえいじ》
上野にある天台宗寺院。徳川将軍家の菩提寺。寛永2年(1625)、3代家光が創建。

*13 **一橋邸**《ひとつばし》
一橋門内にあった御三卿一橋徳川家の屋敷。

*14 **紅葉山**《もみじやま》
西丸北側の小丘。元和4年(1618)、徳川家康をまつる東照宮が創建される。のち歴代将軍の霊廟も建てられた。

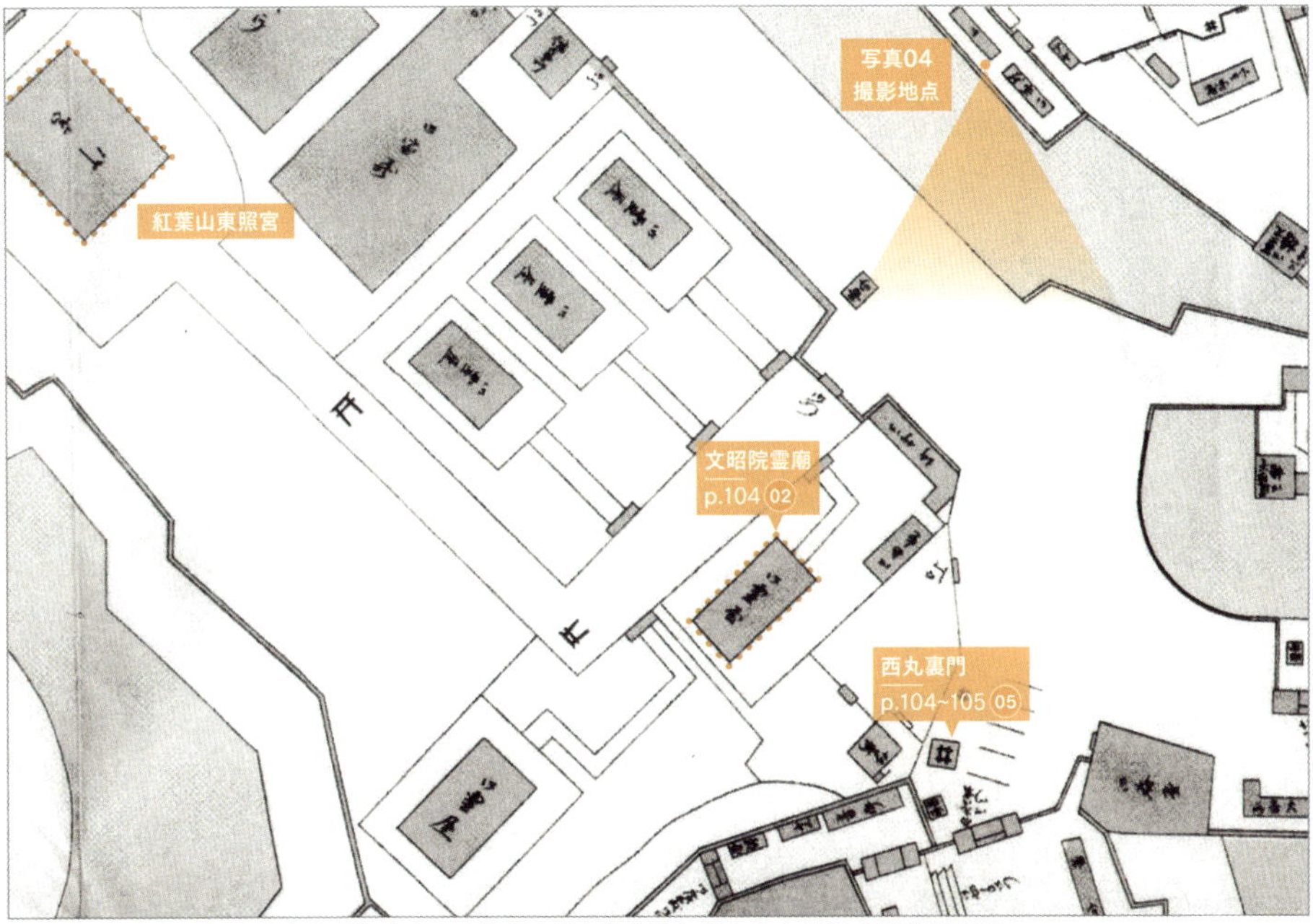

■1 紅葉山南部の将軍霊廟群 「御本丸西丸御城内総絵図」部分(『東京市史稿 皇城篇』附図)

■2 大奥の主要殿舎(中央の大屋根) p.104~105 03

■3 文昭院(6代将軍家宣)霊廟跡 p.104 02

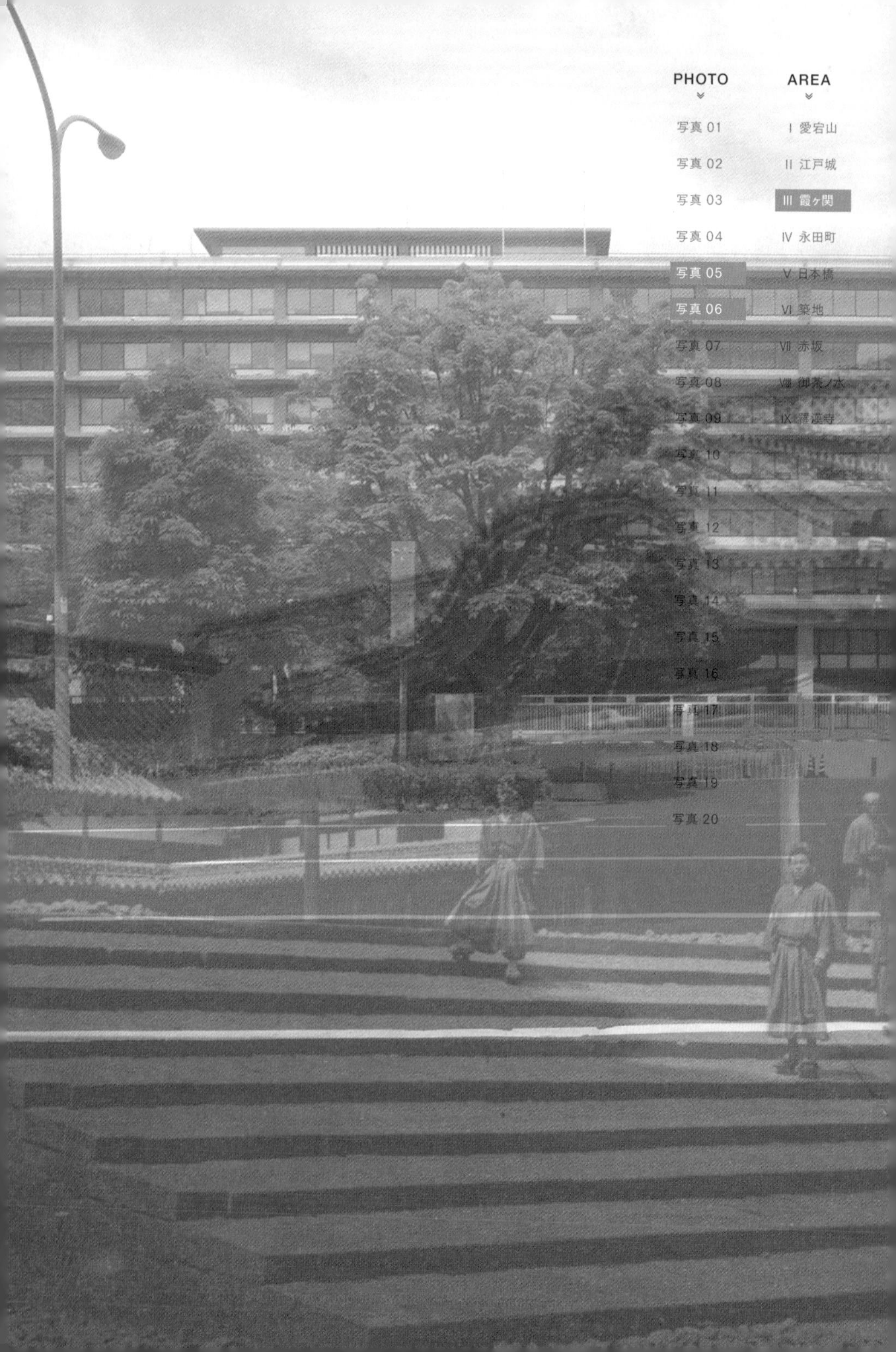

PHOTO	AREA
写真 01	I 愛宕山
写真 02	II 江戸城
写真 03	III 霞ケ関
写真 04	IV 永田町
写真 05	V 日本橋
写真 06	VI 築地
写真 07	VII 赤坂
写真 08	VIII 御茶ノ水
写真 09	IX 羅漢寺
写真 10	
写真 11	
写真 12	
写真 13	
写真 14	
写真 15	
写真 16	
写真 17	
写真 18	
写真 19	
写真 20	

III 霞ヶ関

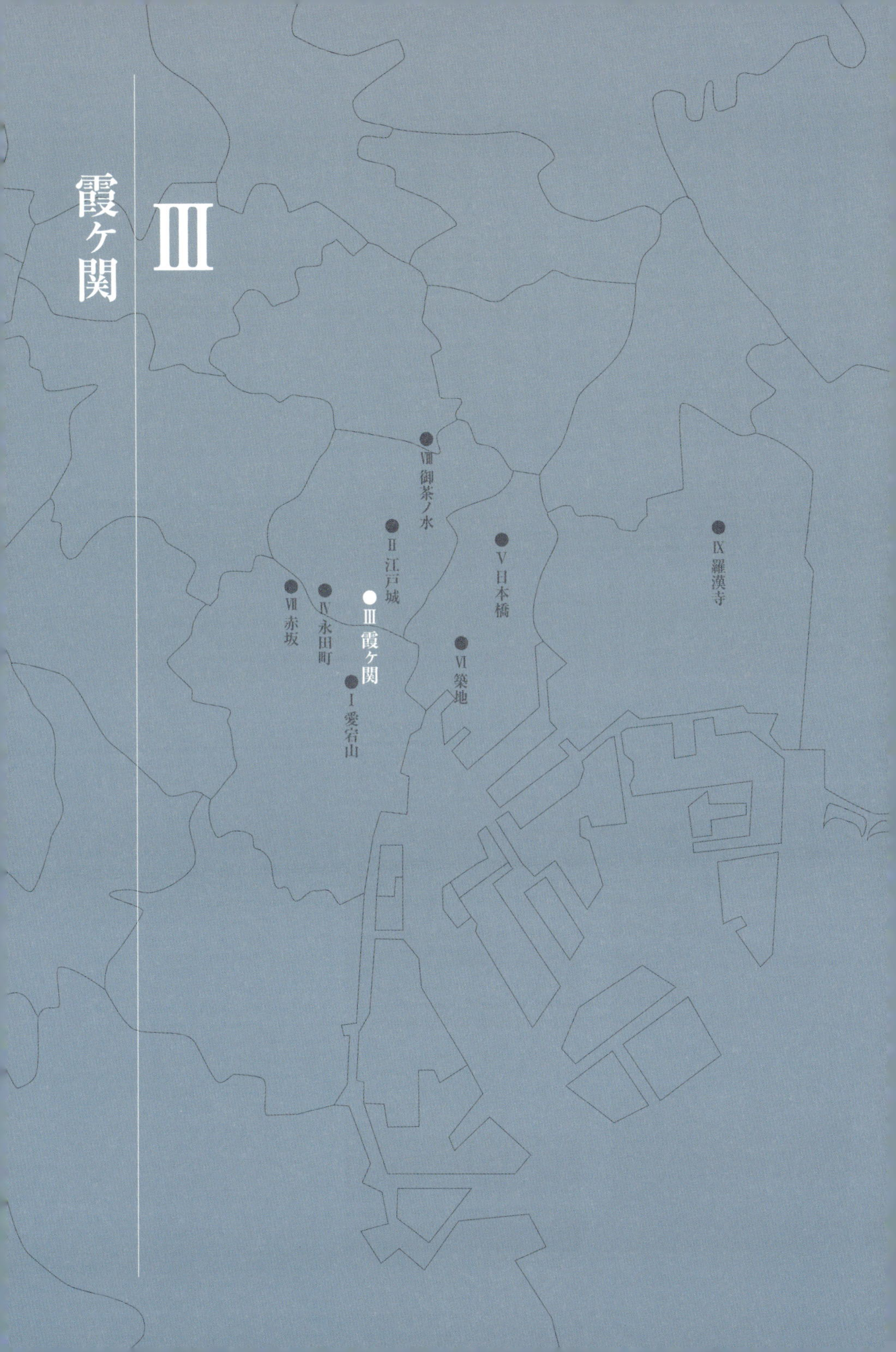

江戸↕現代

今日、霞ヶ関といえば官庁街、そして中央官庁の代名詞でもあるが、地名は現在の霞ヶ関坂にあったという中世の関所名に由来する。江戸の頃は同坂を挟んで、南北に福岡藩黒田家上屋敷《かみやしき》（現・外務省敷地）と広島藩浅野家上屋敷（現・総務省などの敷地）が並んでいた。両家は現・桜田通りの西側に屋敷を構えており、黒田家の黒い門と浅野家の赤い門が並ぶ風景は、錦絵に描かれるなど、江戸の名所として知られた。そして維新後、黒田家の御殿は外務省庁舎に転用されることになる。

写真05「旧福岡藩黒田家上屋敷」 外務省庁舎となったあとの御殿の玄関部分。表門を入って一段高くなったところに御殿が建っていた。江戸期の屋敷は、東側台地上の現・国会前庭までおよぶ広大なものであった。

写真06「潮見坂」 黒田家上屋敷南側の表長屋《おもてながや》を潮見坂《しおみざか》の下（東側）から撮影。理由は不明だが、ここでは敷地の道路境界がクランク状に3回も屈折しており、道沿いの長屋による独特の建築景観が見られた。現在の坂は8車線の大通りとなったものの、外務省の敷地沿いには表長屋を支えていた石垣が残っている。

写真05

写真06

写真05（現状）

写真06（現状）

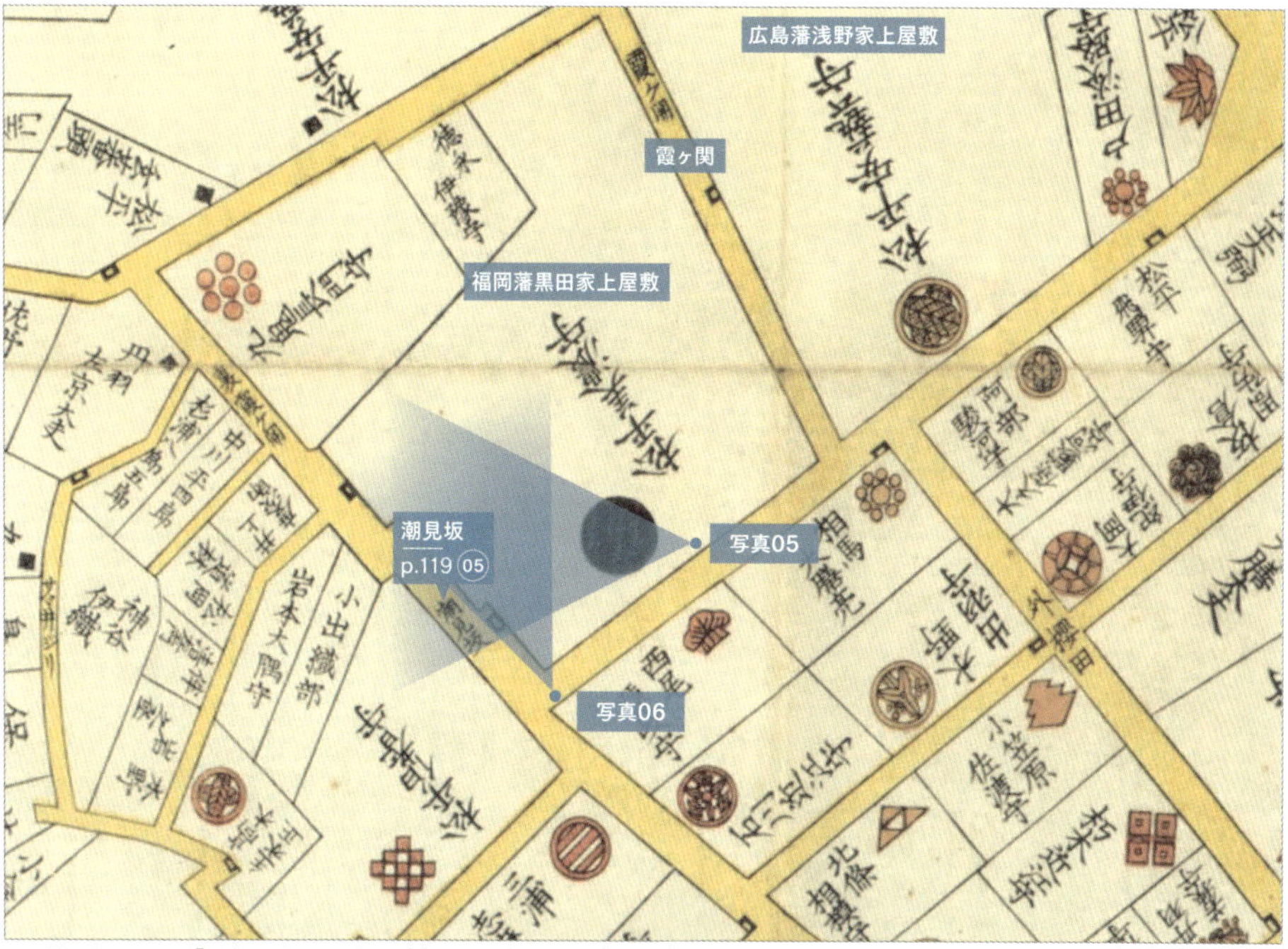

III　霞ヶ関　江戸　「外桜田永田町絵図」(尾張屋板切絵図)部分(国立国会図書館所蔵)

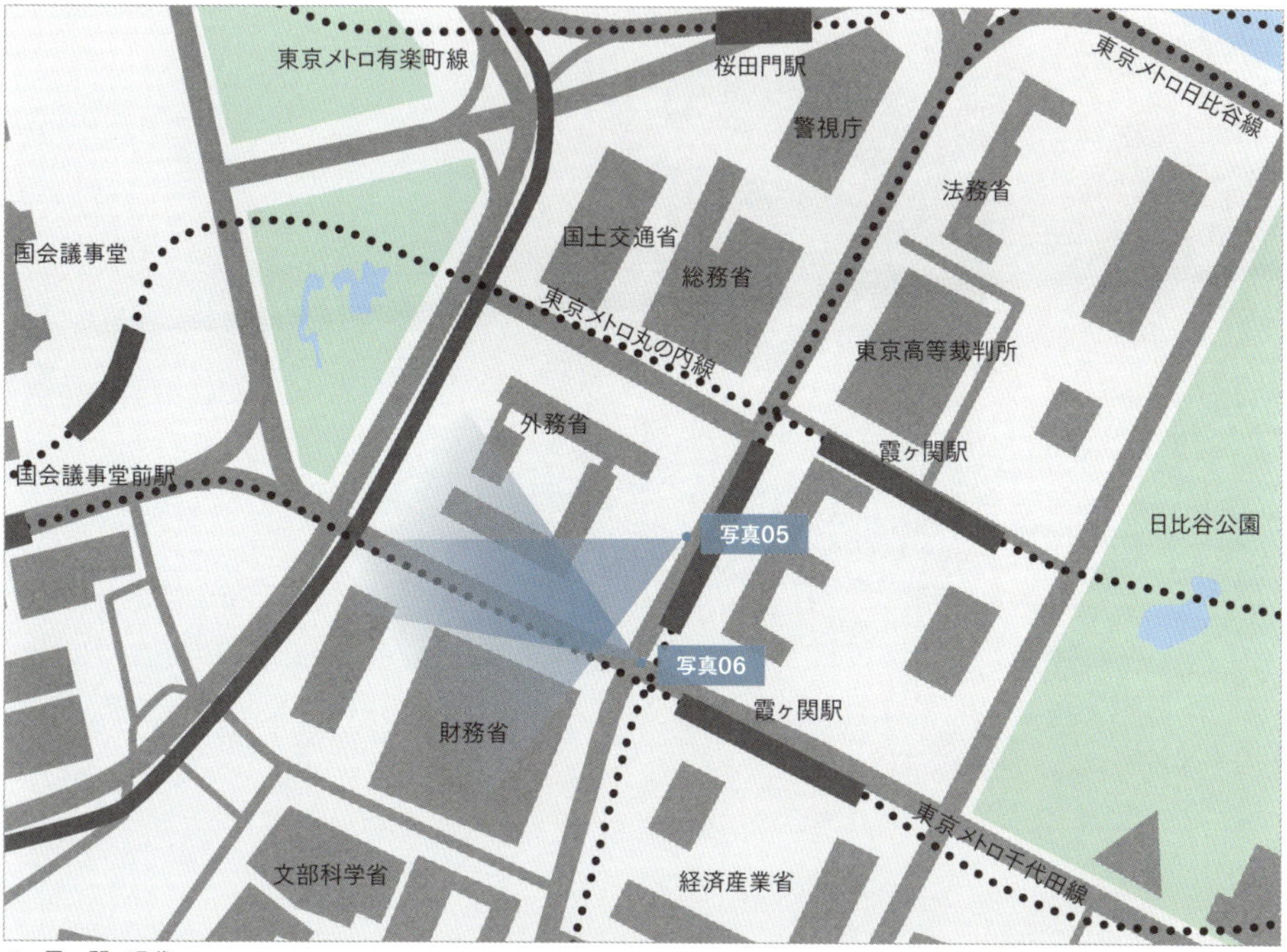

III　霞ヶ関　現代

写真を読み解く

「旧福岡藩黒田家上屋敷」

『ファー・イースト』1873年（明治6年）1月16日号掲載

01 御殿玄関

02 千鳥破風

03 鬼瓦

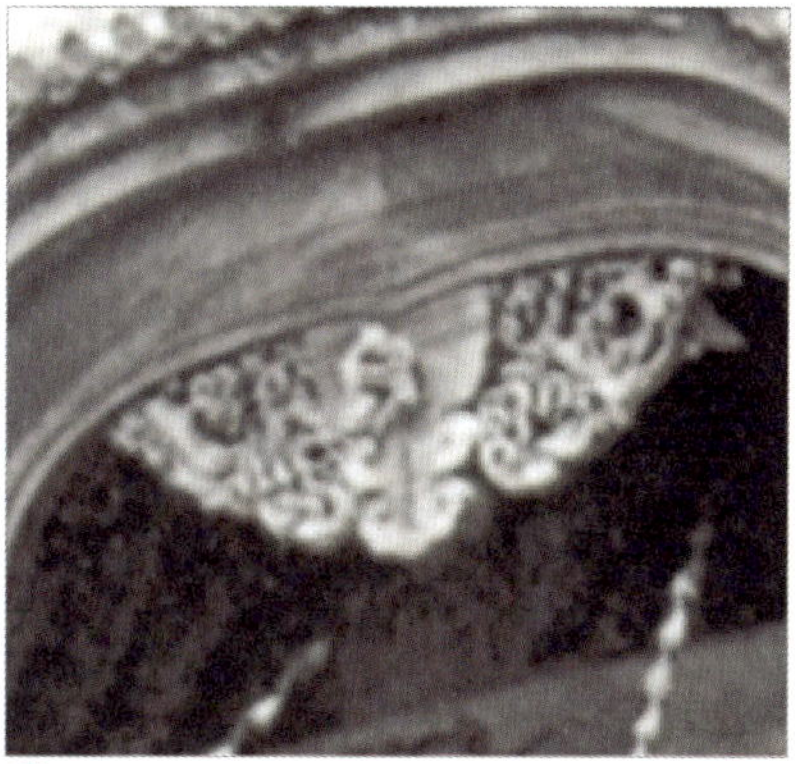

04 懸魚

05 唐破風

06 霧除庇

外務省に転用された大名屋敷

維新後、空き家となった大名屋敷の一部は、明治政府の省庁に転用された。霞ヶ関の旧福岡藩黒田家[*1]上屋敷に外務省(当初は築地に所在)が移転したのは、明治3年(1870)12月のこと。庁舎として再利用された御殿は、嘉永3年(1850)2月5日の大火[*2]で焼失した後に再建された築20年ほどの建物であった。図面(■1)は外務省時代の明治9年(1876)のものだが、ここからも大名屋敷の御殿と長屋が残されていたことが見てとれる。

47万石の国持大名《くにもちだいみょう》[*3]の上屋敷は、敷地面積2万1160坪という広大なものだった。敷地東側(現・桜田通り側)の表門を入るとすぐ左手に石段があって、来客は御殿の玄関棟01の前に導かれた。正面の式台《しきだい》[*4]の上には大きな唐破風《からはふ》[*5]05の付いた屋根が架かり、霧除庇《きりよけひさし》06が吊られている。国持大名の屋敷の玄関にふさわしく、大規模で重厚な建物だ。愛宕山から遠くに見えた仙台藩伊達家上屋敷(62万石)の玄関も、同様の建築だったはずである(写真01画面3、p.081 ■1)。

この屋敷で暮らした最後の福岡藩主は、明治2年(1869)に家督を継いだ黒田長知《くろだながとも》[*6]。同年4月、船で福岡を発った長知は着京後この上屋敷に入っているが、ここでの生活は長くは続かなかった。直後の7月には、政府の御用邸となることが通達されている(『黒田家譜』)。そして翌明治3年から外務省の庁舎とされていたが、同10年(1877)2月1日、「外客応接所」の暖炉から出火、大名屋敷の建築遺構は表長屋の一部を残して焼失してしまう。

*1 **福岡藩黒田家**
筑前国(福岡県)福岡に藩庁を置いた藩。外様大名、47万3000石。

*2 **嘉永3年(1850)2月5日の大火**
p.074 *4参照。

*3 **国持大名《くにもちだいみょう》**
大領国を持ち、御三家に次ぐ家格を有した大名。前田・島津・伊達など。

*4 **式台《しきだい》**
玄関の間の前に設けた板敷の部分。

*5 **唐破風《からはふ》**
そり曲がった曲線の破

風。

＊6 黒田長知《くろだながとも》 1839～1902。最後の福岡藩主。

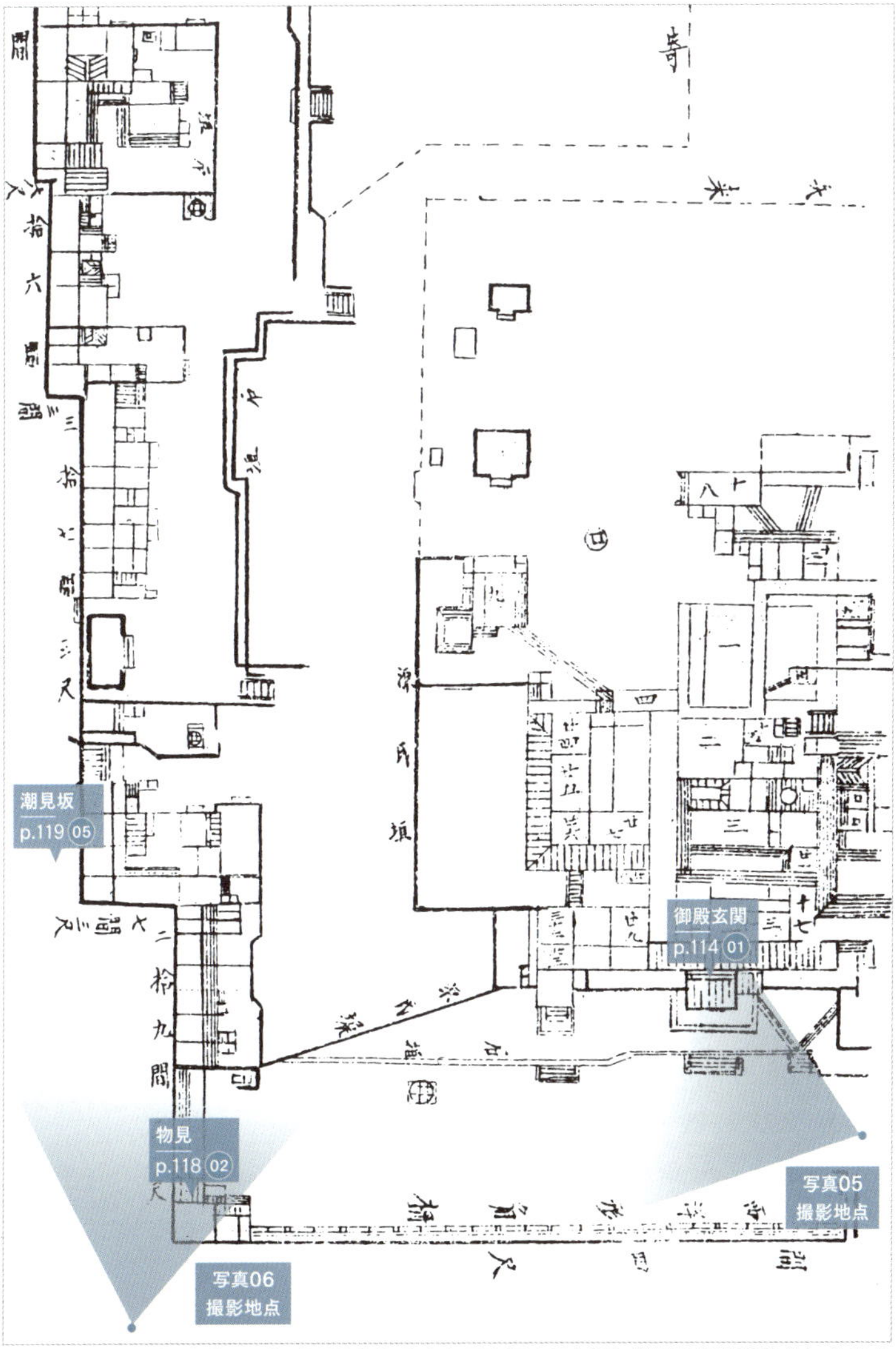

■1 外務省 明治9年(1876) 「明治九年省中各局分課之図」部分(『外務省沿革類従』、外務省外交史料館所蔵)

写真を読み解く

「潮見坂」

『ファー・イースト』1872年9月16日（明治5年8月14日）号掲載

02 物見

01 海鼠壁

05 潮見坂

04 本瓦葺

03 出格子窓

写真 06

表長屋の連なる坂道

福岡藩上屋敷の南側の坂は、坂上から築地方面の海を望めたことから、潮見坂《しおみざか》05と呼ばれた。人力車*1が写っているので、明治3年（1870）以降、掲載日の1872年9月16日（明治5年8月14日）以前の撮影となる。斜め格子の海鼠壁《なまこかべ》*2 01、本瓦葺《ほんがわらぶき》*3 04の表長屋は明治9年（1876）の図面（p.117 ■1）に見えるように、敷地形状にしたがい3段階に張り出していた。坂下からの見え方を意識したのだろうか、奥へ連なる三角形の屋根の破風《はふ》、上下で互い違いに配置された窓など、複雑ながら調和のとれた見事なデザインだ。霞ヶ関の黒田家といえば、北隣りの広島藩浅野家*4上屋敷とともに、大名屋敷のなかでも「第一番の御普請《ごふしん》」（「道中日記」）とされ、江戸の名所として知られていた。この潮見坂の風景も、多くの江戸見物の人びとの心をとらえたに違いない。

昭和8年（1933）、当時まだ残っていた角地部分（画面手前）の表長屋の実測図が、建築家・大熊喜邦《おおくまよしくに》*5によって作成されている（■1）。図面に付された説明によれば、角地の出格子窓《でごうしまど》03の付いた部分は「物見《ものみ》」02。これは、容易に外出できなかった大名の夫人や娘が祭礼行列などを眺めるための施設（部屋）で、往来に面した表長屋（通常の用途は藩士の住居）の一部に設けられていた。

外務省の周囲には今でも石垣がめぐっている。角地部分には江戸期にはなかった隅切《すみきり》*6が施されているが、大名屋敷時代の石垣を再利用したものといわれる（■2）。また、東京国立博物館構内には、この屋敷のものと伝わる黒田家の家紋「白餅紋」（黒餅紋とも。丸一つの紋）付きの巨大な鬼瓦*7が保存・展示されている（■3）。

*1 **人力車**
明治3年（1870）、和泉要助らが東京府に製造・営業の許可を得たのが始まり。馬車にヒントを得て考案したという。

*2 **海鼠壁《なまこかべ》**
四角い平瓦（ひらがわら）を貼り、目地に漆喰（しっくい）をかまぼこ形に盛り上げて塗った壁。土蔵などの外壁に用いる。

*3 **本瓦葺《ほんがわらぶき》**
平瓦と丸瓦とを交互に用いる瓦の葺き方。

*4 **広島藩浅野家**
安芸国（広島県）広島に

藩庁を置いた藩。外様大名、42万石余。

＊5 大熊喜邦《おおくまよしくに》
1877〜1952。建築家。大蔵省に入省、昭和2年（1927）、営繕管財局工務部長となり、国会議事堂、首相官邸などの庁舎建築を手がけた。

＊6 隅切《すみきり》
隅を斜めに切り落とした形。

＊7 鬼瓦
大棟（屋根の棟）や降（くだ）り棟（屋根面に沿った棟）の端を飾る瓦。

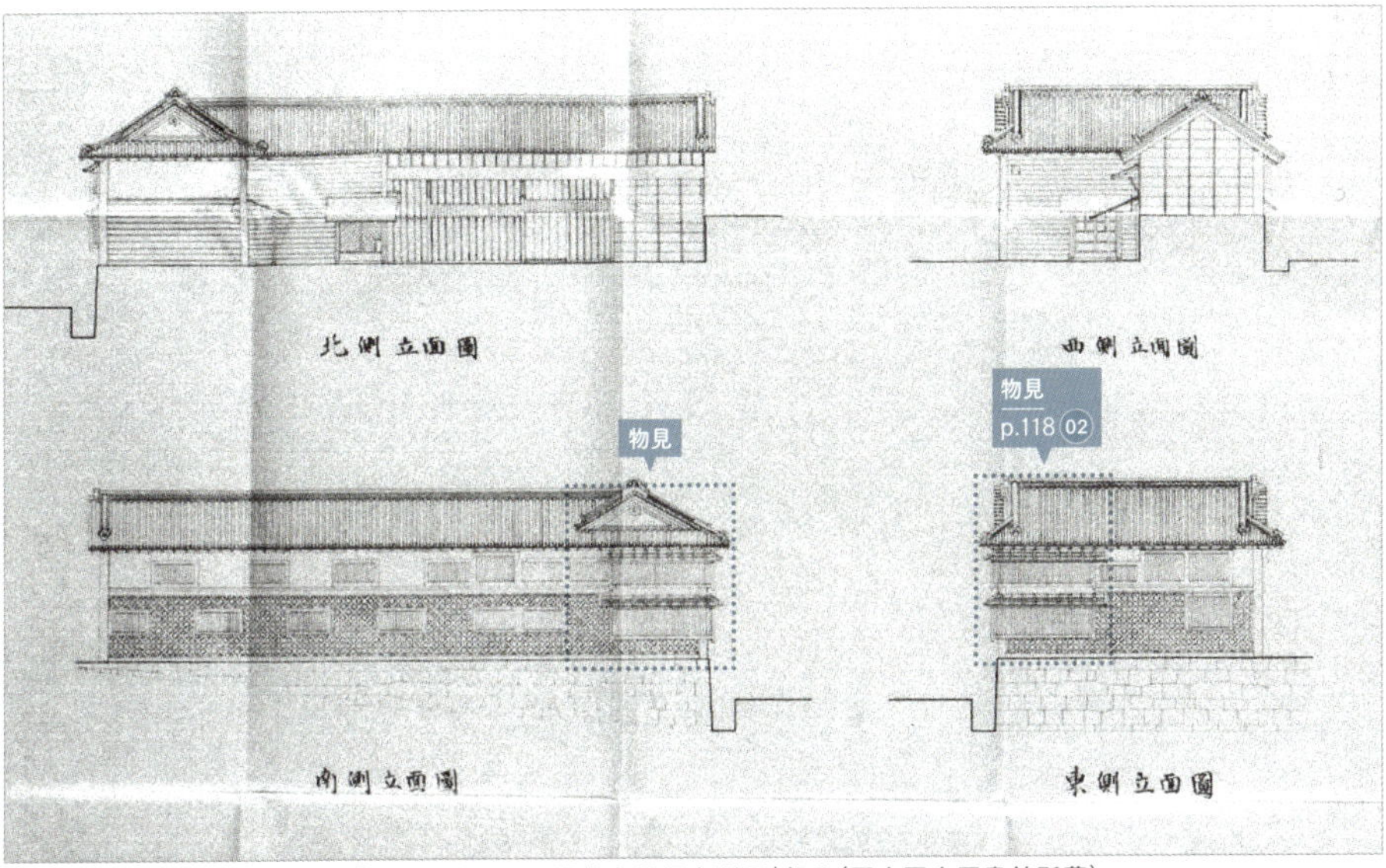

■1 表長屋 昭和8年（1933）「旧黒田家江戸上屋敷表長屋実測図」部分（国立国会図書館所蔵）

■2 外務省敷地周囲の石垣

■3 黒田家の鬼瓦 東京国立博物館構内に保管

Column 1

将軍の娘の住まい——浅野家御住居

福岡藩黒田家上屋敷の北側に霞ヶ関坂を挟んで並んでいたのが、広島藩浅野家42万石の上屋敷だ。*1

写真（■1）は明治初頭、永田町の旧二本松藩丹羽家上屋敷（写真07、写真08参照）の御殿屋根上から北東方向を撮影したもの。遠景の中央から右手に屋根を連ねるのが浅野家上屋敷の西側部分だが、ここには同屋敷内にあった「御住居《おすまい》」が写っている（拡大写真）。

御住居とは大名家に嫁いだ将軍の娘の御殿のこと。大名家では藩主夫人となる将軍の娘のために、広大な御殿と奥女中の長局《ながつぼね》*2を新築した。浅野家の御住居で暮らしていたのは11代将軍家斉《いえなり》*3の娘・末姫*4である。天保4年（1833）、浅野斉粛《なりたか》*5の正室として、江戸城から大勢のお付きの女中をともない、この屋敷に入輿《じゅよ》*6した。

拡大写真（■2）には左に御住居の表門*7（屋敷の表門とは別）、右に御殿の屋根が写っている。徳川慶勝《よしかつ》*8がこの写真を撮影したのは、明治元年（1868）12月から同3年7月の間とみられ、末姫は明治3年4月3日、広島移住のため東京を発っているから（『坤山公第八十八年事蹟』）、撮影時にはまだ写真の御住居に住んでいた可能性がある。

広島藩最後の藩主・浅野長勲《ながこと》*9の回想によれば、曾祖母にあたる末姫は「至ってやさしい方で、私をお愛し下さったので、よくお遊び相手のために」、若き日の長勲は御住居に招かれたという。

*1 **広島藩浅野家上屋敷**
屋敷地は添地をあわせ1万7396坪。跡地は現在、総務省、国土交通省などの敷地。

*2 **長局《ながつぼね》**
p.076 *10参照。

*3 **徳川家斉《とくがわいえなり》**
1773〜1841。11代将軍。伝わるだけでも16人の側室と53人の子がいた。子女は早世した場合を除いていずれも養子・夫人として大名家に入った。

*4 **末姫**
1817〜1872。将軍家斉の娘。浅野斉粛（なりたか）正室。生母の家斉側室お美代の方は、

絶世の美女と伝わる（三田村鳶魚『大名生活の内秘』）。

＊5 **浅野斉粛《あさのなりたか》**
1817～1868。広島藩9代藩主。

＊6 **入輿《じゅよ》**
輿入れ（こしいれ）。身分の高い人の嫁入り。

＊7 **御住居の表門**
建物については「元江戸御上屋鋪御住居之図」（広島市立中央図書館所蔵）による。

＊8 **徳川慶勝《とくがわよしかつ》**
1824～1883。尾張藩12代藩主。写真家としても知られ、明治初期撮影の写真を多数残した。

＊9 **浅野長勲《あさのながこと》**
1842～1937。広島藩12代藩主。長寿であったため「最後の大名」と呼ばれた。

御住居では茶会や狂言が催されていた。そこには、お抱えの女の役者が「歌舞伎の真似事」を上演する芝居小屋同様の立派な舞台もあった。末姫は御住居の中だけで暮らしており、中奥《なかおく》（藩主の居所）の庭に来ることもなかったという（「浅野老侯のお話」）。「御顔は今でもおぼえていますが、竪《たて》長い立派な御顔でした」と、末姫の容貌について長勲は語っている。中央省庁のビルが建ち並ぶ現在の霞が関の風景からは想像もつかないが、かつてここには一人の女性が、将軍の娘、大名の妻として、御住居という広大な「籠」の中で自由を束縛され暮らしていたのである。

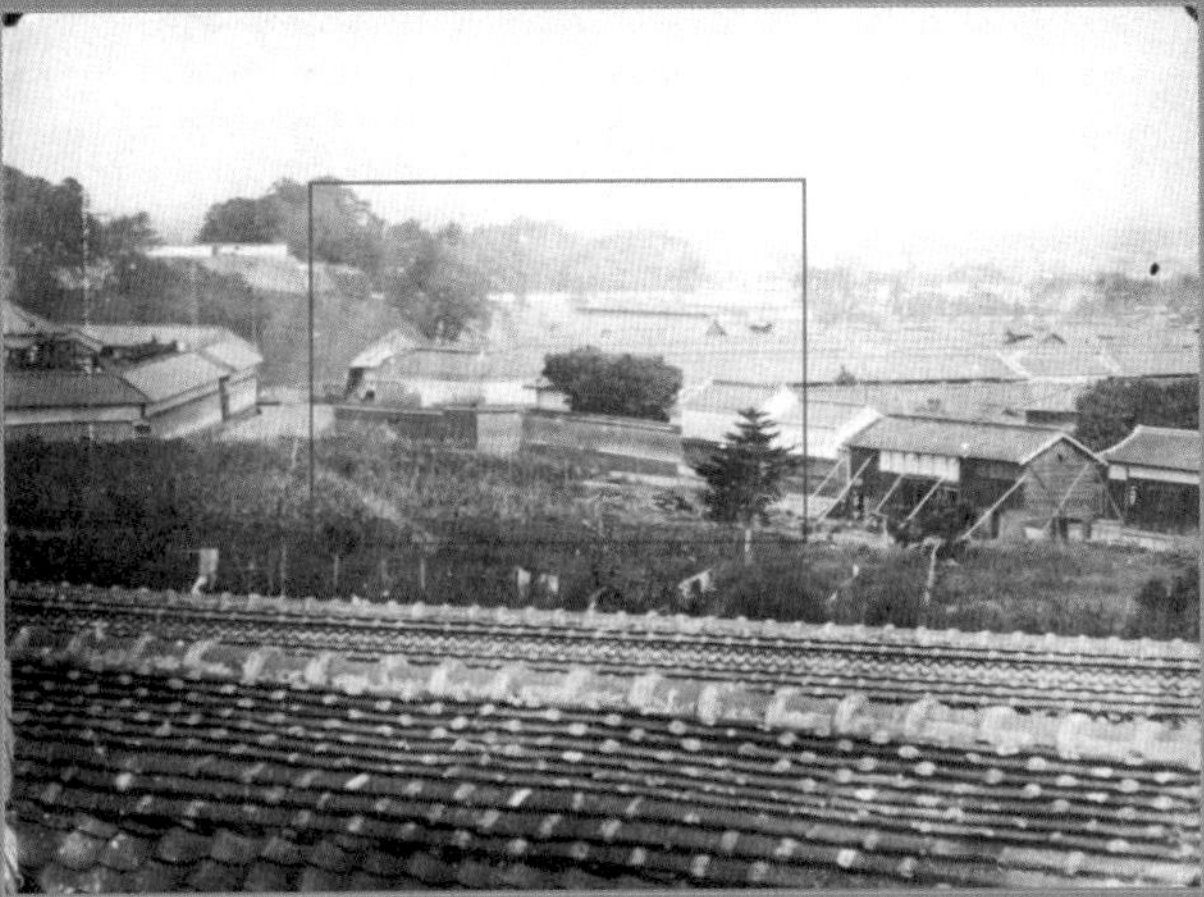

■1　広島藩浅野家上屋敷
「永田町より江戸城・霞ヶ関方面を望む（2）」部分（徳川林政史研究所所蔵）

■2　浅野家御住居部分拡大

PHOTO
写真 01
写真 02
写真 03
写真 04
写真 05
写真 06
写真 07
写真 08
写真 09
写真 10
写真 11
写真 12
写真 13
写真 14
写真 15
写真 16
写真 17
写真 18
写真 19
写真 20

AREA
I 愛宕山
II 江戸城
III 霞ヶ関
IV 永田町
V 日本橋
VI 築地
VII 赤坂
VIII 御茶ノ水
IX 羅漢寺

Ⅳ 永田町

江戸↕現代

霞ヶ関から潮見坂を上った西側の台地上が永田町。今は国会議事堂が聳えているが、かつて一帯には大名・旗本の屋敷が並んでいた。地区の西端を区切る溜池《ためいけ》沿い、小高く独立した丘の上に山王社（現・日枝神社）が鎮座する。東側から延びた本来の山王社参道（現・山王坂）は、溜池から分かれた南北方向の深い谷へと下り、左折して神社の石段（男坂）の前に出る。参道には坂上に一の鳥居、坂下に二の鳥居が立っていた。現在は、国会議事堂の真裏にあたる。

写真07「山王社の参道①――坂の上から」　参道の坂を少し下った地点から、参道の行く手となる山王社の方向を撮影。現在、坂は衆議院の第一・第二議員会館の間を下っていくが、かつて全容を見渡せた山王の森は突き当りに覗くだけとなった。

写真08「山王社の参道②――坂の下から」　坂の下からの撮影。手前に二の鳥居、坂上に一の鳥居が写る。現状写真の坂の突き当りは国会議事堂。道路は舗装・拡幅され、両側には議員会館のビルが聳えているが、まっすぐに上っていく急勾配の坂に往時の風景が重なる。

写真07

写真08

写真07（現状）

写真08（現状）

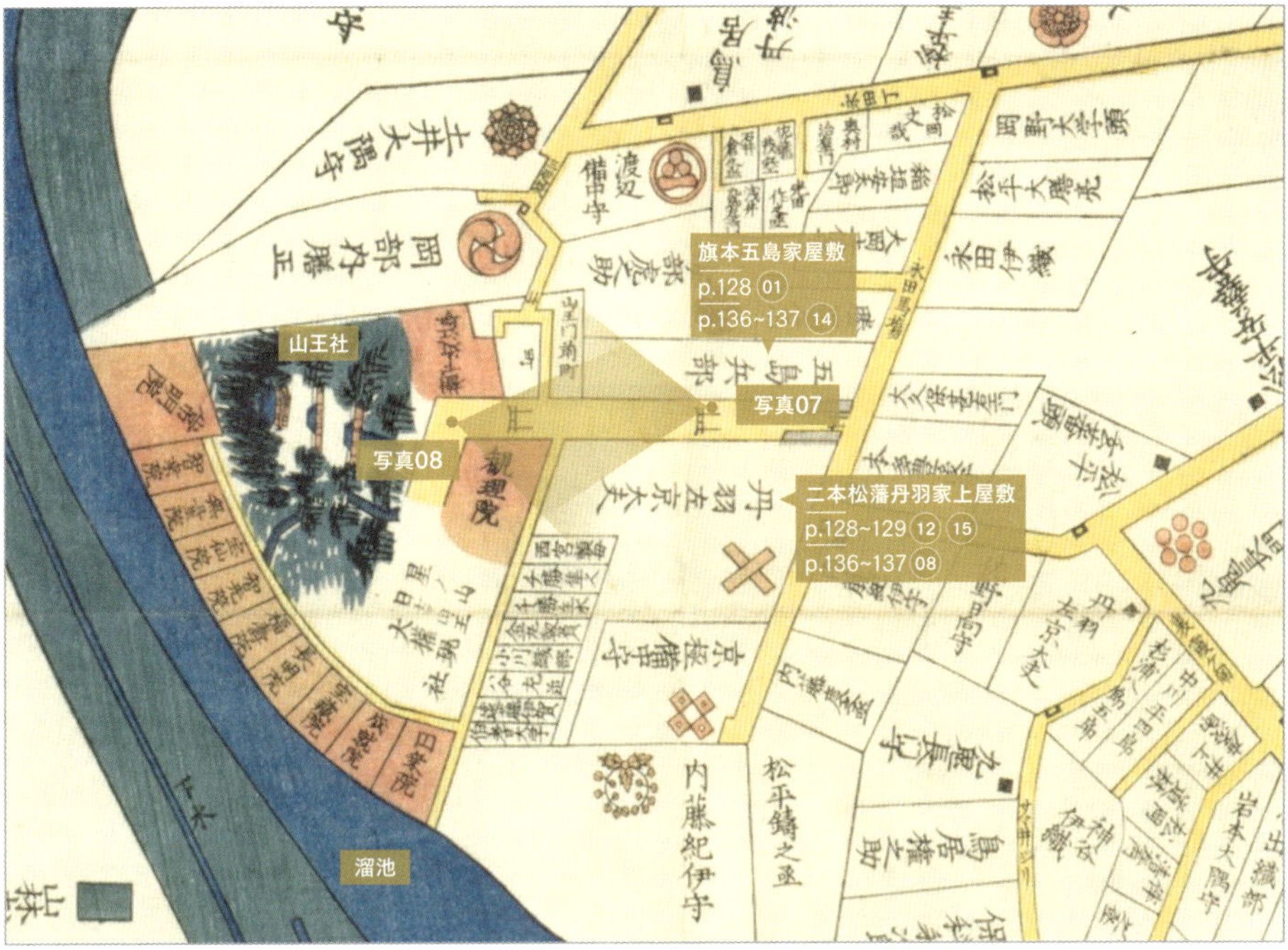

IV　永田町　江戸「外桜田永田町絵図」（尾張屋板切絵図）部分（国立国会図書館所蔵）

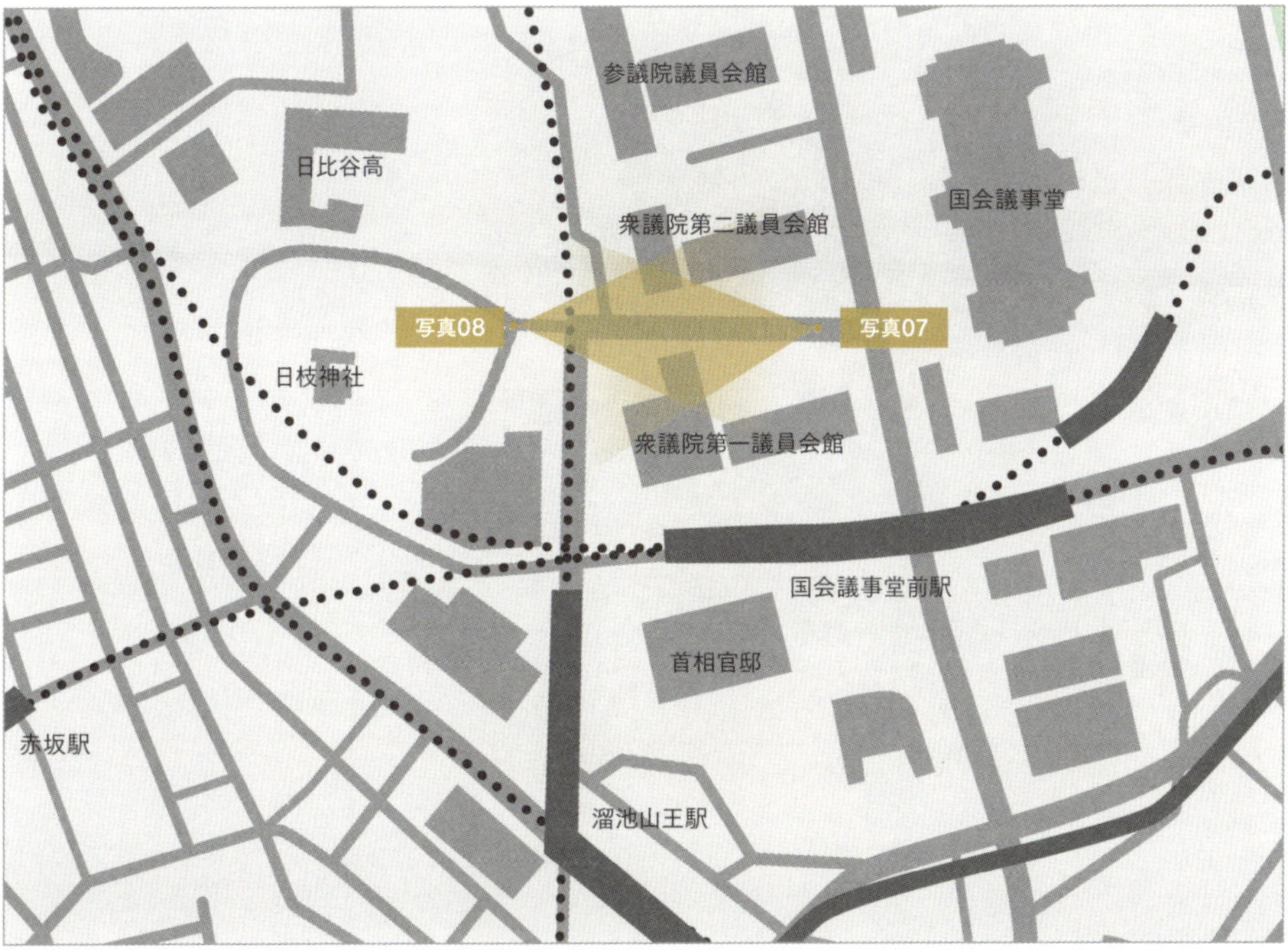

IV　永田町　現代

写真を読み解く

「山王社の参道①——坂の上から」

『ファー・イースト』1873年(明治6年)2月4日号掲載

御祈祷所(?)鳥居

01 旗本五島家屋敷跡(柵の石側)

神主・樹下家屋敷表長屋(奥の2棟)

02 山王門前町

12 (元)二本松藩丹羽家上屋敷表長屋

07 二の鳥居

05 棒手振

13 石段

08 石橋(中央)

06 下水の柵

14 仁王門跡(中央)

09 床店

15 (元)二本松藩丹羽家上屋敷土蔵

10 別当・観理院跡(中央の塀の中)

16 坂道の段

11 井戸

＊1 **二本松藩丹羽《にわ》家**
陸奥国（福島県）二本松に藩庁を置いた藩。外様大名、10万700石。

＊2 **山王門前町**
山王社の参道沿い（境内地）にあった門前町屋。

参道脇の大名屋敷―二本松藩丹羽家上屋敷

画面左は幕末まで二本松藩丹羽《にわ》家上屋敷[＊1]⑫⑮、右は山王門前町[＊2]02の町屋。正面に見えるのは石造の二の鳥居07、背景は山王社（現・日枝《ひえ》神社）の森だ。社殿は左手の石段（男坂）⑬を上った山上に位置する。葉を落とした樹木が見あたらないので、撮影日は『ファー・イースト』掲載の前年（明治5年［1872］）秋以前だろう。

二本松藩丹羽家は外様《とざま》10万石の大名で、この参道沿い南側の傾斜地に1万坪余りの上屋敷を構えていた。東側台地上の南北道（現・国会議事堂裏の通り）に面して東向きに表門を開き、御殿も台地上にあった。斜面の下の低地部分には、主に家臣の長屋が並んでいた。画面に写っているのは屋敷北側の参道に面した部分で、手前に土蔵⑮、小さな門を挟んで奥に表長屋⑫が建っている。

丹羽家の屋敷は維新後の一時期、同家の娘（丹羽長富娘の政姫）が当主（徳川茂栄《もちはる》）正室であった一橋徳川家の屋敷となったが、撮影日がその期間内であったか否かは定かでない。

名所図会の描写と一致

『江戸名所図会《ずえ》』（天保5年［1834］、7年［1836］刊）の「日吉山王神社」（山王社）の図（■1、■2）は、写真よりやや北（右手）の方向から俯瞰した風景を描いている。そこで以下では図と写真を比較しながら、細部を見て

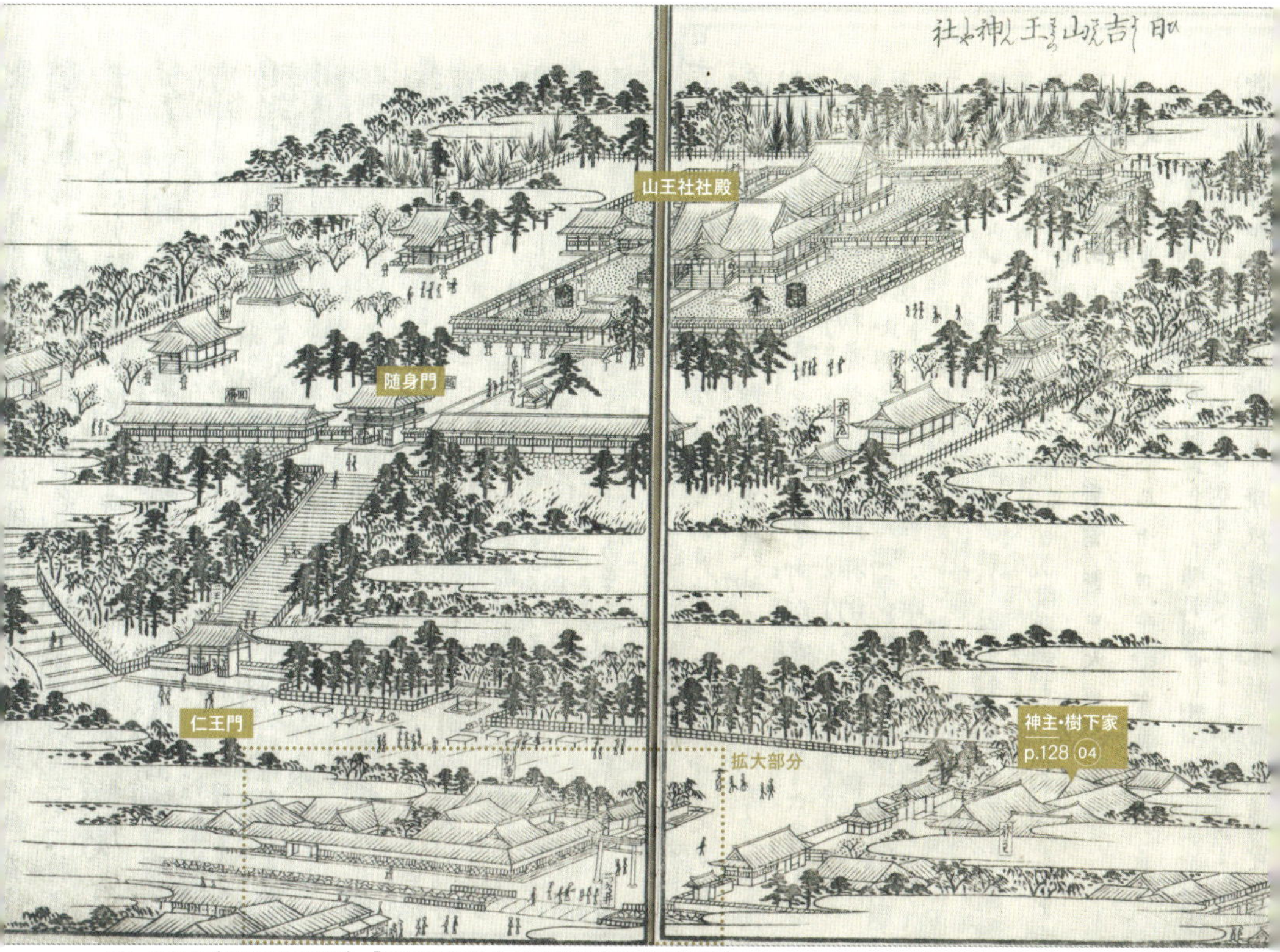

■1　山王社（日吉山王神社）『江戸名所図会』（国立国会図書館所蔵）

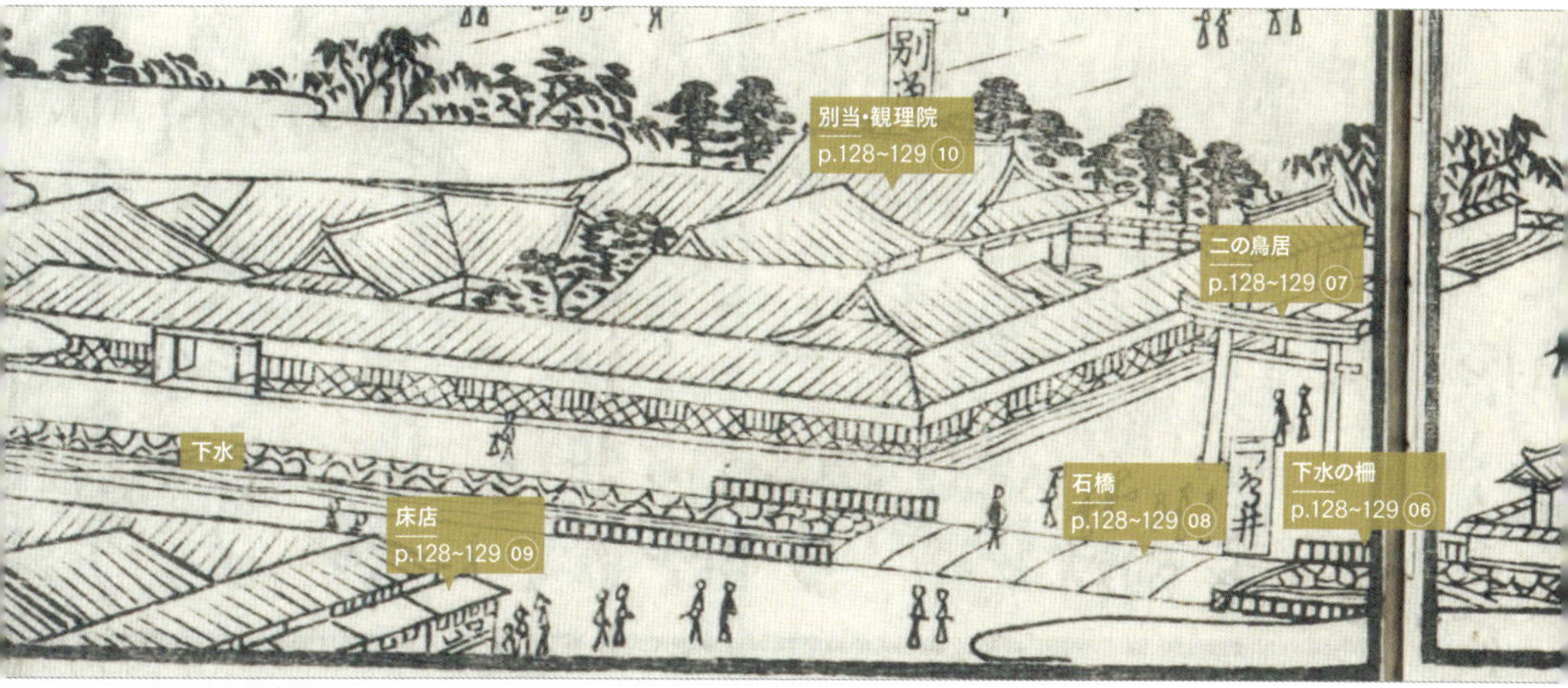

■2　■1の部分拡大

いくことにしよう。

表長屋⑫の前の路上、小さな切妻《きりづま》屋根の下に見える円筒状のものは井戸⑪であろう。その後ろに床店《とこみせ》⑨*3が4軒並んでいるが(■4)、同様の床店が『江戸名所図会』にも同じ位置に描かれている(■3、p.131 ■2)。写真では一番奥の店だけが戸を開いており、店先に何かが置かれている。

二の鳥居⑦手前の二重の柵⑥も『江戸名所図会』の描写と一致する。この柵の間を開渠《かいきょ》の下水が流れており、短い石橋⑧が渡されている。下水は右手(画面外)の「三べ坂《さんべざか》」*4方面から、左方向の溜池に向かって南北に延びる谷筋を流れていた。なお、この谷地形はすっかり景観が変わった今日でも残っている。

鳥居より奥、左手の敷地は山王社の別当《べっとう》*5・観理院《かんりいん》の跡地⑩(p.131 ■2)。天台宗の寺院だったが、明治元年(1868)、神仏分離令により廃絶した。一番奥の塀は漆喰《しっくい》*6が剥《は》がれ、斜めの材で支えられるなど傷みが激しい。右の山王門前町②の町屋は下見板《したみいた》張りの粗末なつくりだが、屋根の葺き方が異様だ。拡大すると板屋根の上に瓦らしきものが間隔を置いて並べられているように見える(■2)。梯子が掛っているので、あるいは修理中なのかもしれない。その背後の切妻屋根は明らかに板葺だ。

さらに後ろに見える瓦葺の建物は、山王社の神主・樹下《じゅげ》家屋敷の表長屋④(■2)。その前の路上には、天秤《てんびん》を担いだ棒手振《ぼてふり》*7⑤の商人がいる(■5)。画面右端、町屋の屋根上から小さな鳥居③が覗いているが、これは絵図(p.135 ■1)に描かれた「御祈祷所《ごきとうしょ》」のものだろうか。

*3 **床店《とこみせ》(床見世)**
商品を売るだけで人の住まない店。出店。

*4 **三べ坂《さんべざか》**
北側から山王社前の谷に下ってくる坂。岡部・安部・渡辺の三家の屋敷があったことからこの名が付いた。

*5 **別当《べっとう》**
神社を管理する寺。別当寺。神仏習合の江戸期の山王社には別当が置かれた。

*6 **漆喰《しっくい》**
消石灰に麻糸などの繊維質とフノリ・ツノマタなど膠着剤を加えて水で練ったもの。壁の上塗りに用いる。

＊7 棒手振《ぼてふり》
品物を担いだり、さげたりして呼び声を立てて売り歩く人。振売り。

■1 仁王門跡 p.129 14

■2 神主・樹下家屋敷 p.128 04

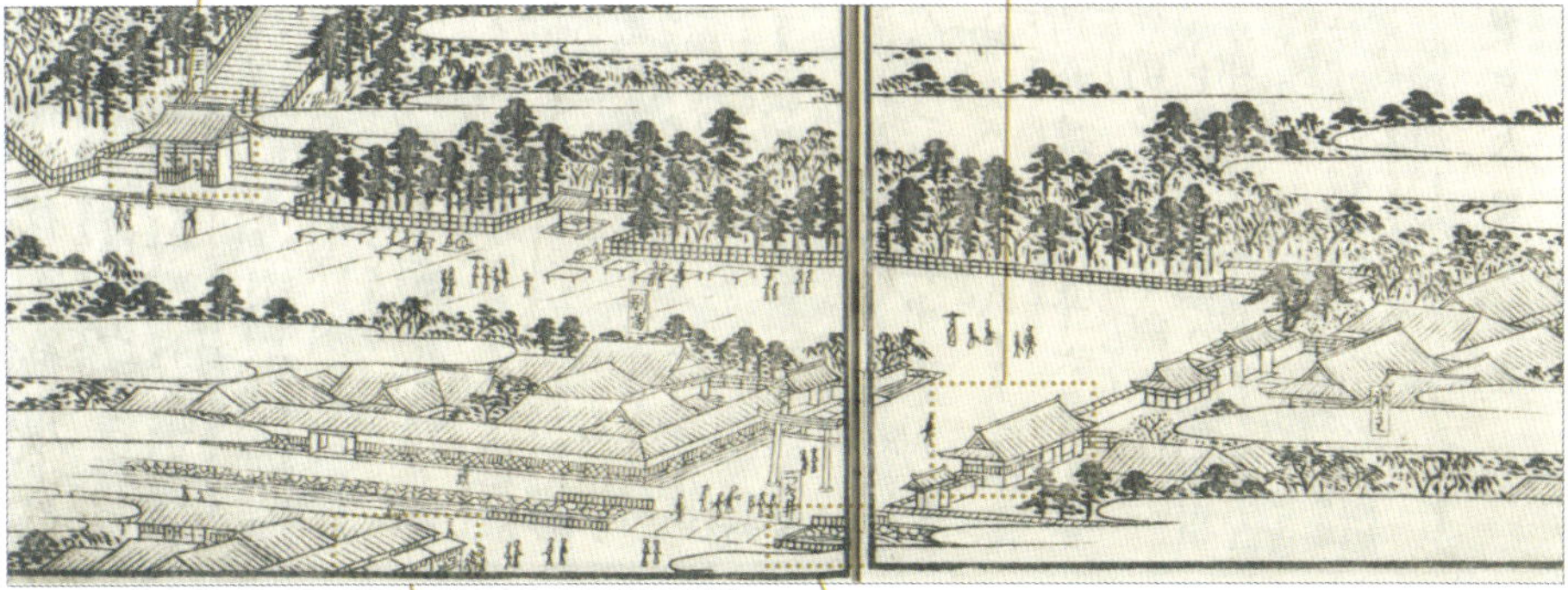
■3 山王社参道 『江戸名所図会』(国立国会図書館所蔵)

■4 床店と井戸(手前) p.128~129 09 11

■5 棒手振と下水の柵 p.128~129 05 06

山王の森

左端に山王社男坂の石段⑬が見えるが、その手前、『江戸名所図会』に描かれた仁王門⑭は、神仏分離令によって明治元年（1868）に撤去・移築された（『日枝神社史』）。移築先の茨城県稲敷《いなしき》市の逢善寺《ほうぜんじ》*8には幸いにも、八脚門《やつあしもん》*9形式の旧山王社仁王門（茨城県指定文化財）が現存している（■2）。また、安置されていた仁王像は杉並区堀ノ内の妙法寺《みょうほうじ》*10に移され、こちらも同寺仁王門内に健在である。

現在、男坂下の右側に推定樹齢約300年とされるイチョウの巨木が聳えている（■3）。画面の同じ位置にも樹木が写っており、おそらく同一の木と思われるが、幹は現状に比べると見るからに細く、150年近い歳月の長さを感じさせる。

また、画面には写っていないが、右手の森の中には絵図（■1）に描かれている池があった。この池は筆者が子供の頃まで残っており、鬱蒼とした樹林に覆われ、周囲は昼間でも薄暗かった記憶がある。しかし、昭和50年頃に埋め立てられ（『日枝神社史』）、跡地は現在、駐車場となっている。

男坂の階段を上がると、江戸期には楼門《ろうもん》*11形式の随身門《ずいじんもん》（現存せず）があり、その先に本社の社殿が建っていた。4代将軍家綱《いえつな》によって万治2年（1659）に建立《こんりゅう》された社殿（p.141 ■2）は壮麗な朱塗の権現造《ごんげんづくり》*12の形式で、昭和6年（1931）に国宝に指定されていたが、昭和20年5月25日の空襲で灰燼に帰した。現在の社殿は、戦後に再建されたものだ。

*8 **逢善寺《ほうぜんじ》**
現・茨城県稲敷市所在の天台宗寺院。天長2年（825）の創建と伝わり、関東の天台教学発展の中心となった。江戸期は寛永寺の末寺。

*9 **八脚門《やつあしもん》**
四本の親柱の前後にそれぞれ四本の控柱を設けた平屋の門。八足門。

*10 **妙法寺《みょうほうじ》**
現・杉並区堀ノ内所在の日蓮宗寺院。江戸期には厄除祖師として多くの参詣者を集めた。

＊11 **楼門《ろうもん》** 二階造りの門で下層に屋根のないもの。屋根のあるものを二重門と呼んで区別する。

＊12 **権現造《ごんげんづくり》** 神社の本殿形式のひとつ。本殿と拝殿を石の間または相の間でつないだ建物。日光東照宮の社殿がこの形式。

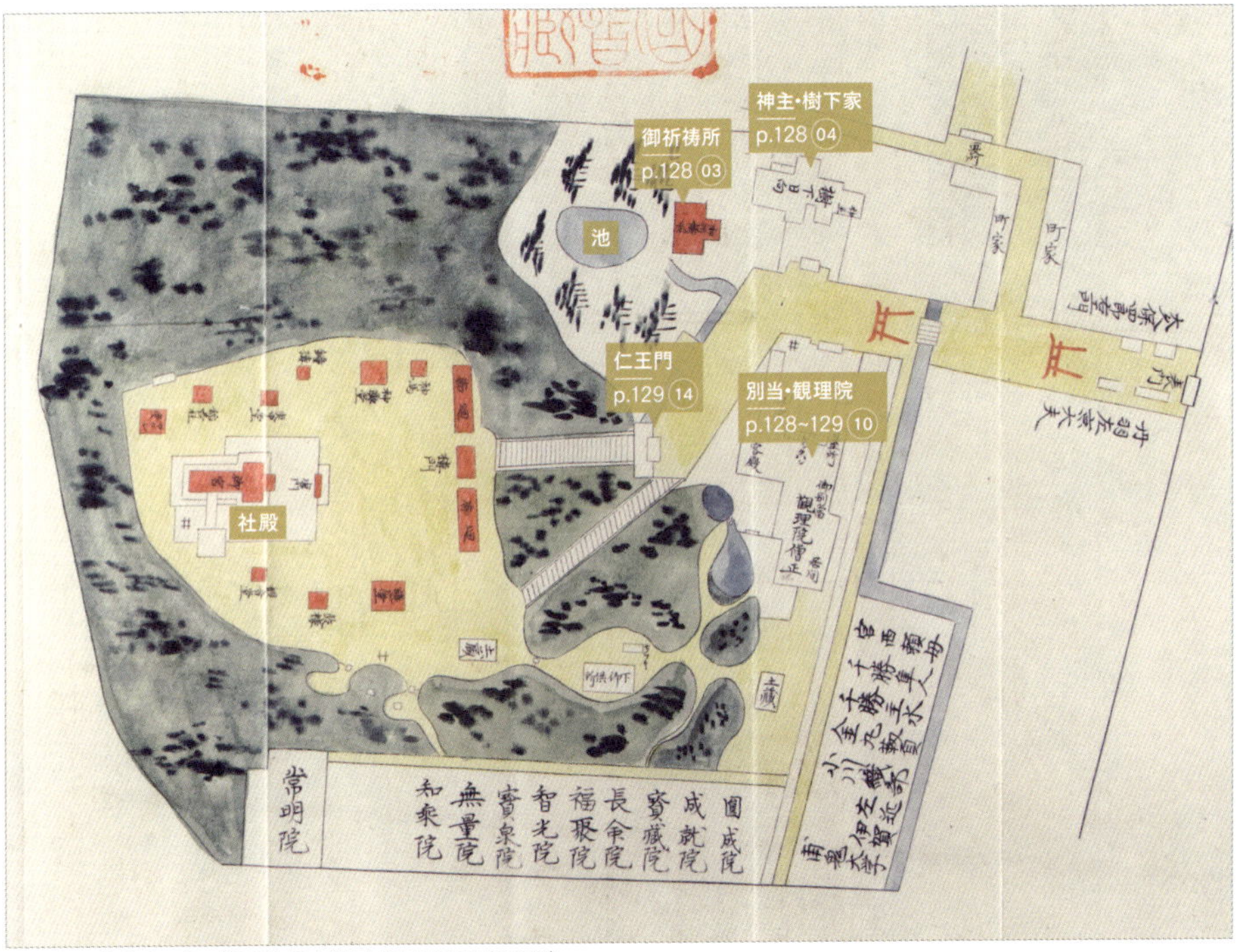

■1 山王社境内「四箇所絵図」(国立国会図書館所蔵)

■2 旧山王社仁王門 逢善寺(茨城県稲敷市)に移築現存

■3 仁王門跡(鳥居の位置)とイチョウ

写真を読み解く

「山王社の参道②——坂の下から」

『ファー・イースト』1874年(明治7年)1月1日号掲載

人びとと石橋(背後)

01 二の鳥居

床店

02 坂道の段(奥)

05 下水の柵

06（元）別当観理院の表長屋（右端）

07（元）二本松藩丹羽家上屋敷表長屋

08（元）二本松藩丹羽家上屋敷（右）

09（元）二本松藩丹羽家上屋敷土蔵（中央）

10（元）二本松藩丹羽家上屋敷土蔵（中央）

11 土蔵

12 一の鳥居

13 山王門前町（坂上）

14 旗本五島家屋敷跡（空き地）

15 山王門前町（奥）

16 神主樹下家屋敷（左）

*1 月代《さかやき》
額から頭上にかけて髪を剃り上げたもの。成人男子のしるし。

*2 旗本五島家
福江藩五島家の分家。交代寄合（参勤交代を行う旗本）、3000石。

月代を剃った人びと

画面手前は山王社の二の鳥居01、坂を上がったところに建つのが一の鳥居12。坂下の二の鳥居は柱が短い重厚なデザインの石鳥居だ。参道はかなりの急坂で、坂上の台地上（現在、国会議事堂が建つ）との高低差はおよそ18メートルにもおよぶ。

鳥居の前には人びと03が並んでカメラの方をじっと見つめている。参道沿いの門前町屋の住民だろうか、子供も混じっている。後方には洋装の人物も写っているが、手前の男5人のうち4人は江戸期と変わらず月代《さかやき》*1を剃っている（■1）。

写真07とは逆で、左手前が神主・樹下《じゅげ》家屋敷16の長屋門、その後ろが山王門前町15の町屋だ。坂の左手の（元）旗本五島家屋敷*2 14の建物はすでに解体され、空き地と化してしまっている。

傾く町屋

手前に樹木があってややわかりにくいが、左手の山王門前町15の町屋は右側に大きく傾いており、斜めの木材で支えられ、かろうじて立っているようだ（■2）。屋根は板葺《いたぶき》だが、これで重量のある瓦葺にしたら、とても耐えられないだろう。瓦葺とするには、荷重に耐えうる太い柱・梁《はり》が必要だ。江戸は火災が多く、とくに店舗

■1 鳥居の前の人びと p.136 03

■2 山王門前町の町屋（奥） p.136~137 15

建築は営業再開を優先して、再建に十分な時間と費用をかけなかったため、仮設的な板葺の平屋なども多かったという（『守貞謾稿』）。この家屋は二階家で店舗かどうかも不明だが、板葺であり、これも火災後に応急的に建てられたものだったのかもしれない。

右手の二階建ての建物は（元）二本松藩丹羽家上屋敷の表長屋07。その脇の床店《とこみせ》04は、こちらからの写真だと、9尺程度（約2・7メートル）の奥行であったことがわかる。

坂の上を見てみよう（■1）。一の鳥居の背後左手にあるのは、手前が床店、奥が平屋の町屋13（門前町屋）であろう。切絵図（p.127）などによれば、ここでは参道の路上を占有するかたちで両側に門前町屋が建てられていた。一の鳥居の右下に覗いているのは明らかに土蔵の二階部分11だが、これも門前町屋のものだろうか。手前に写る二の鳥居の上には、子供たちが遊びで投げ上げたのか、多数の石ころらしきものが載っている。

消えゆく江戸の坂道

写真08の原タイトルは「OLD STREET IN YEDO（江戸の古い街路）」で、撮影場所の記載はない。では、なぜここが「古い街路」とされたのか。理由は次のように記されている。

「こういう道は馬車の通行をまったく想定しておらず、通行できるのは歩行者と駕籠《かご》のみだ。踏み段（steps）がつけられていた坂は、しだいに馬車が通れるように滑らかにされつつある。古い趣と興味深い事物は失われ、平凡な場所へと変わっていく」（『ファー・イースト』1874年1月1日号、原文を意訳）。

画面で確認できるように、この参道には間隔をおいて路面に石の段（石材の踏み段）が据えられている（■1）。『ファー・イースト』の読者である外国人にとって、このような坂道こそ、「古い趣」のある「興味深い事物」にほかならなかった。実際江戸には石の段が据えられた同様の坂道が多かったが、馬車の通行に適していなかったため、急速に進む近代化のなかで、段を撤去する改修が次々に進められていったのである。

■1 一の鳥居付近 坂道の段

■2 山王社社殿 『ファー・イースト』1875（明治8）年7月31日号掲載（横浜美術館所蔵）

PHOTO	AREA
写真 01	I 愛宕山
写真 02	II 江戸城
写真 03	III 霞ヶ関
写真 04	IV 永田町
写真 05	V 日本橋
写真 06	VI 築地
写真 07	VII 赤坂
写真 08	VIII 御茶ノ水
写真 09	IX 羅漢寺
写真 10	
写真 11	
写真 12	
写真 13	
写真 14	
写真 15	
写真 16	
写真 17	
写真 18	
写真 19	
写真 20	

V 日本橋

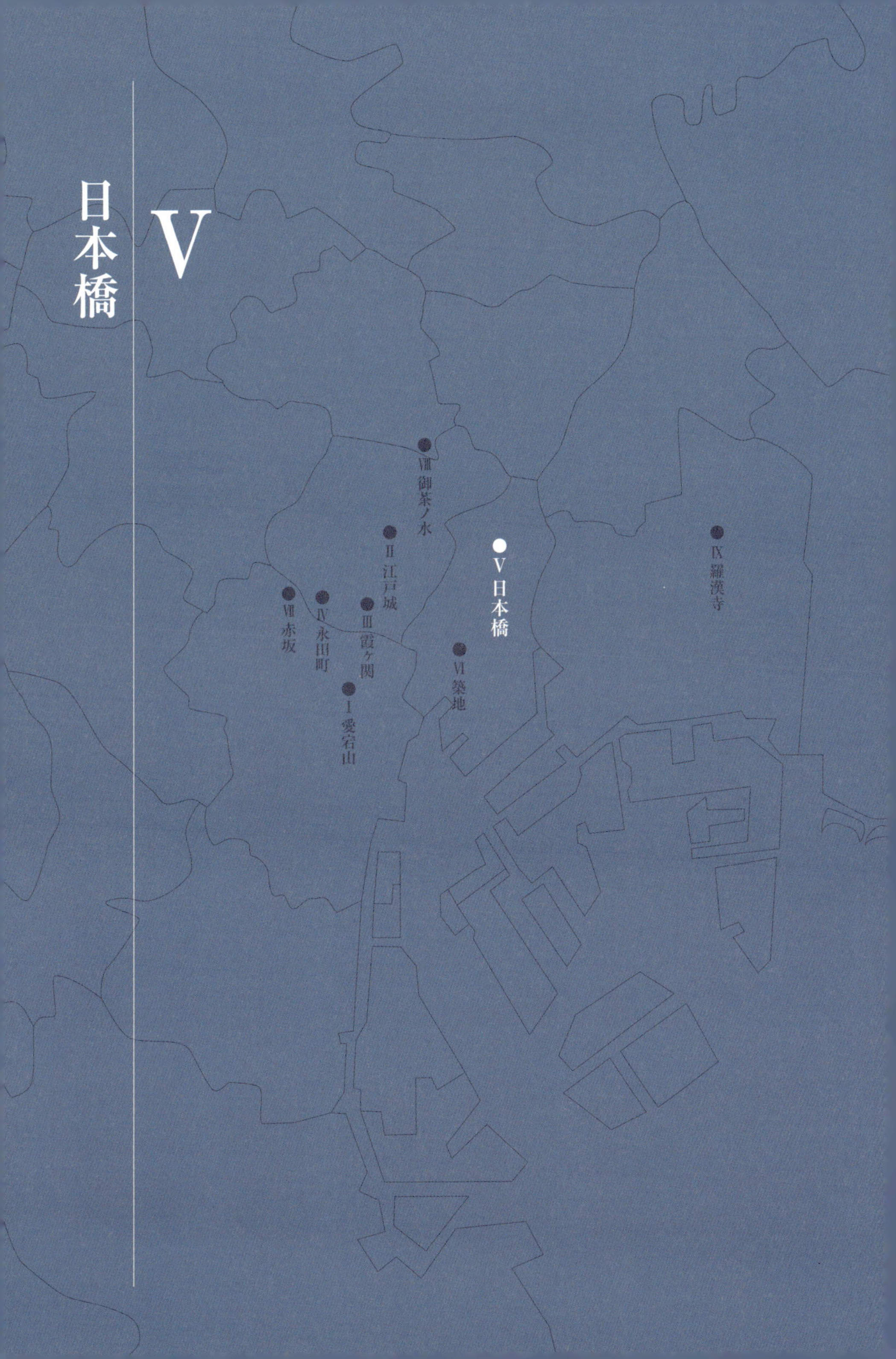

江戸↕現代

日本橋界隈は江戸の商業の中心地として、また魚市場（魚河岸）の所在地として繁栄した。現在ではオフィス街、金融街のイメージが強いが、江戸から続く老舗も多い。五街道の起点とされた同名の橋は、江戸を象徴する名所でもあった。

写真09「日本橋」 橋の北詰東側からの撮影。現在の日本橋は明治44年（1911）竣工の石造橋で国の重要文化財に指定されているが、上空を首都高に覆われた。川岸はコンクリート護岸のため、撮影地点と同じ位置まで下りることはできない。

写真10「安針町《あんじんちょう》」 同町の中央付近から、北側の本小田原町方向を撮影したものと推定される。魚問屋が軒を連ねた通りは、中層のオフィスビルが並ぶ平凡な裏通りに変わった。

写真11「江戸橋」 橋の南詰東側から北を撮影。江戸橋（現・昭和通り）は現在西側に移転、撮影地点はビルの敷地内のため、現状写真はその東側から写した。真上は首都高江戸橋ジャンクション。白壁の土蔵の並ぶ風景は消えて久しく、高架下の川面に車の轟音が途切れることなく響いている。

写真09

写真10

写真11

写真09(現状)

写真10(現状)

写真11(現状)

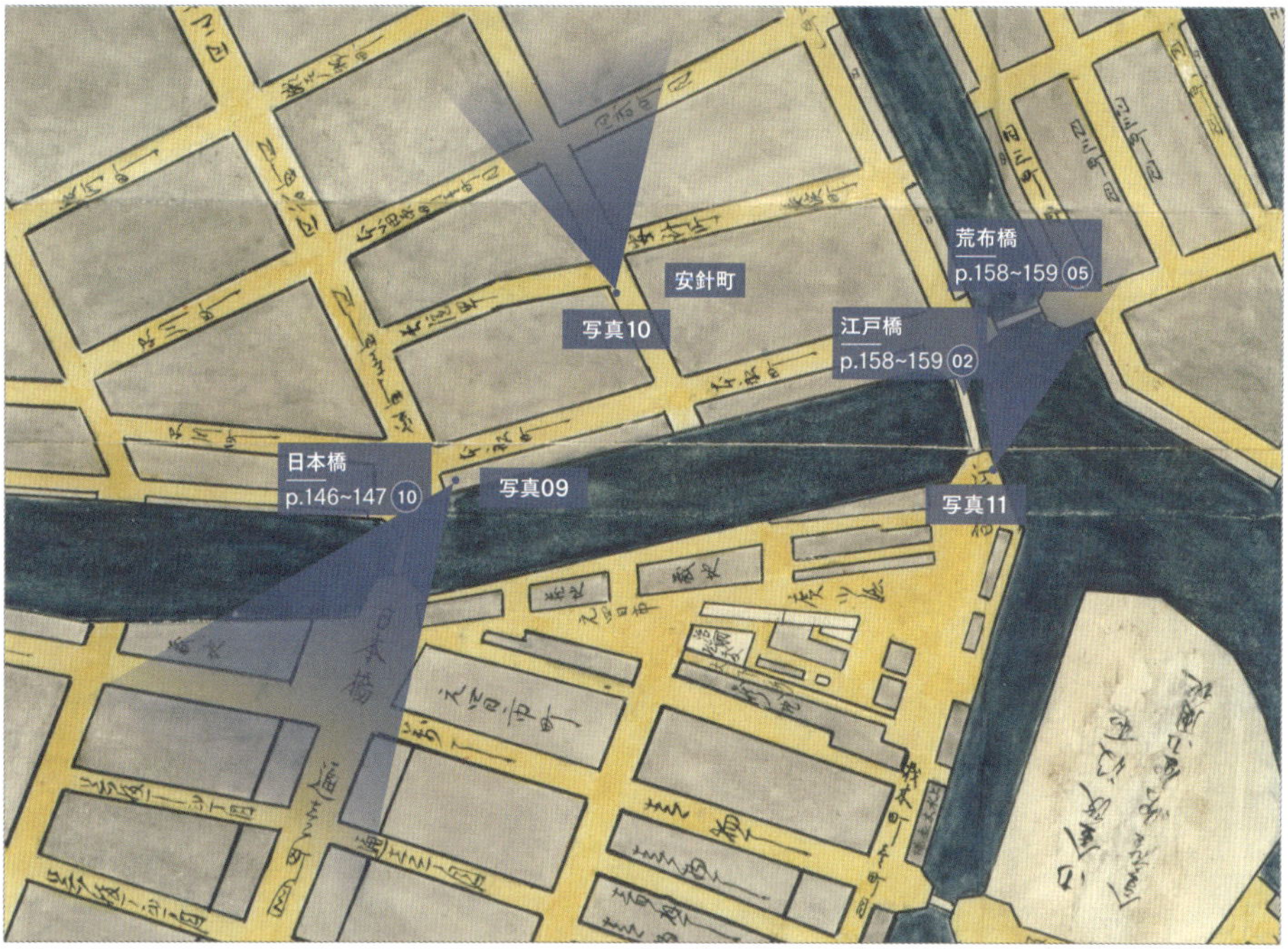

V　日本橋　江戸「江戸絵図」2号 部分(国立国会図書館所蔵)

V　日本橋　現代

「日本橋」

『ファー・イースト』1872年4月16日(明治5年3月9日)号掲載

歩み板(下)

01 橋台(北)(石垣部分)

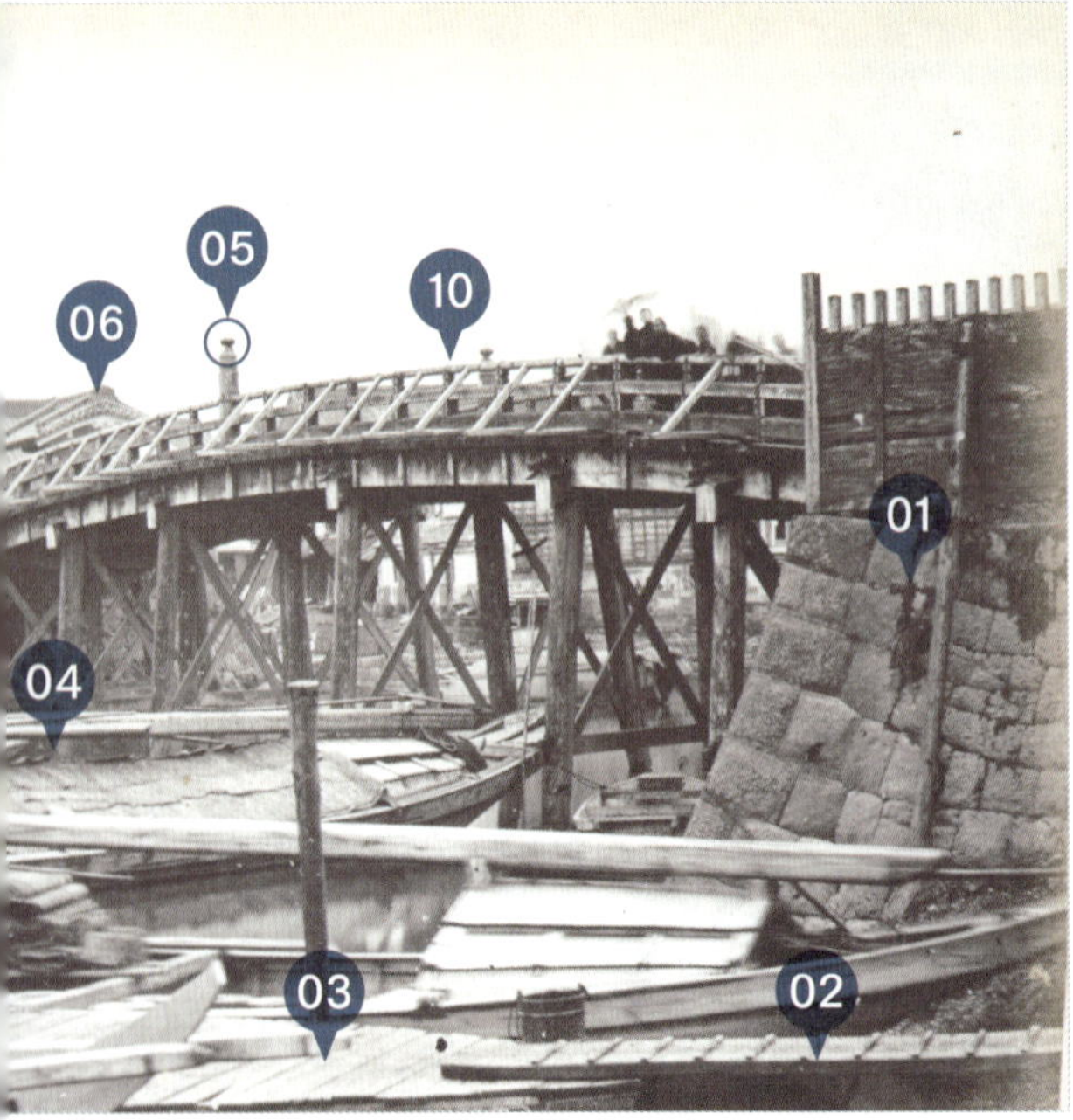

08 橋台（南）（石垣部分）

04 押送船

03 平田舟（浮桟橋）（下）

09 建築中の電信局（左）

05 擬宝珠（先端部分）

10 日本橋

06 高札場（中央の屋根）

07 通一丁目（西）の町並み（奥）

最後のお江戸日本橋

画面に写る木造の反り橋は、江戸期の形式でつくられた最後の橋、いわば「最後のお江戸日本橋」だ。『ファー・イースト』掲載日（1872年4月16日［明治5年3月9日］）と同年中に架け替え工事が始まり、翌明治6年5月、西洋風の木造橋が竣工する。新たな橋は馬車の通行に適した反りのない橋であった。

江戸期の日本橋は全長28間（約51メートル）、幅4間2尺（約8メートル）。火災の多い町人地の真ん中ゆえ、17世紀初頭の創設以来何度も類焼した。幕末には安政5年（1858）11月に半焼、写っているのは翌安政6年4月に竣工した橋である。橋の欄干を外側から斜めに支える多数の部材が見えるが、これは『江戸名所図会』（■1）には描かれていない。欄干が外側に倒れるのを防ぐ補強材とみられるが、部材の表面が新しい（白っぽく写っている）ので、時期は不明だが、後から取り付けられたもののようだ。明治初期の写真には、ほかにも同じ部材が取り付けられている橋の例が見られる（写真11の江戸橋、荒布《あらめ》橋など）。

奥の南詰に見える瓦葺《かわらぶき》屋根は高札場《こうさつば》*1 06 のもの。江戸期の高札場は板葺だったが（『熙代勝覧』）、明治に入り建て替えられた（『東京繁華一覧』）。その背後には通《とおり》一丁目西側の町屋の屋根 07 も覗いている。一等地の表店《おもてだな》*2だけあって、重厚な土蔵造《どぞうづくり》*3の店舗が並んでいる。画面左端は建築中の電信局 09（p.151 ■1）。明治政府は通信事業として早くから電信*4の導入を進めており、電信局は写真掲載日の2か月後の明治5年5月14日に開業、ここ日本橋のたもとにも洋風建築が姿を現すことになる。

*1 **高札場《こうさつば》** 高札（法度などを記した板）を掲げる場所。

*2 **表店《おもてだな》** 表通りに面して建てられている家。⇔裏店（うらだな）。

*3 **土蔵造《どぞうづくり》** 土蔵のように家の四面を土や漆喰で厚く塗ったつくり。防火建築。

*4 **電信** 文字を電気信号として伝送する通信技術。

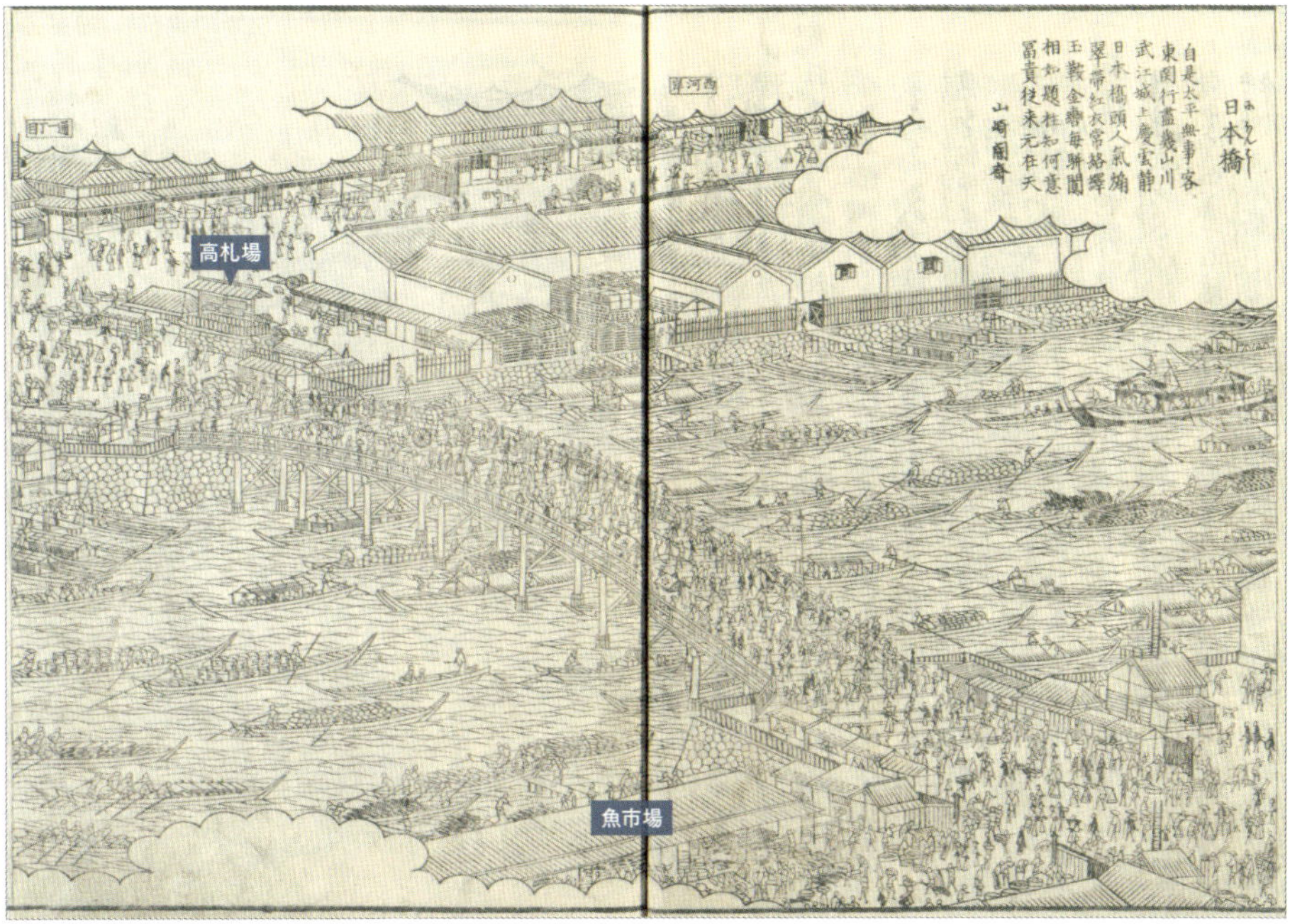

■1 日本橋 『江戸名所図会』(国立国会図書館所蔵)

魚河岸の平田舟

画面手前の河岸は魚河岸（魚市場）のもの。橋の北東側は魚市場があった本船町《ほんふなちょう》で、川に並行した通りに生魚の売場「肴納屋《さかななや》」が並んでいた（■2）。魚市場は関東大震災後に築地に移転し、現在、日本橋のたもと（北東側）には「日本橋魚市場発祥の地碑」が建っている。

画面右下では、歩《あゆ》み板 02 が平田舟《ひらたぶね》 03 に渡されている。平田舟とは浮桟橋《うきさんばし》のことで、日本橋川に16艘《そう》がつながれており、ここに舟を着けて生魚を荷揚げした。画面に見えるのは、そのうち西端の日本橋に一番近いもの。

時代は下るが、日本橋本小田原町の魚問屋に生まれた尾村幸三郎（明治43年生まれ）は、大正期の平田舟の様子について次のように回想している。

「二十三艘（引用者注、大正期の数）の平田舟を日本橋川の上に浮かべてあり、その地上との連絡は、納屋裏通りから、かけられたあゆみ板（巾は三尺程の狭い板で、滑ると危険なので、足どめ板が数多く打たれていた）（カッコ書きは原文）であるが、途中の支えがないので、釣り橋に似た感触があり、この板は左右にも揺れ、上下にも揺れるので、きわめて安全ではなかった」（『日本橋魚河岸物語』）。

平田舟の両側に着岸しているのは、房総などから生魚を運んだ押送船《おしおくりぶね》 04。小型快速の船で、代表的なものの全長は38尺5寸（11・7メートル）だったという。歩み板の傍らに置かれた桶は、魚の運搬に用いたものだろうか。

■1　電信局　p.147 09
三代歌川広重「東海名所改正道中記一　伝信局」(江戸東京博物館所蔵、Image：東京都歴史文化財団イメージアーカイブ)

■2　日本橋魚市　『江戸名所図会』(国立国会図書館所蔵)

「安針町」

『ファー・イースト』1872年6月17日(明治5年5月12日)号掲載

PHOTO
写真 10

AREA
V 日本橋

01 軒下に吊り下げられた笊

03 火の見梯子（中央）

02 板葺屋根（左）

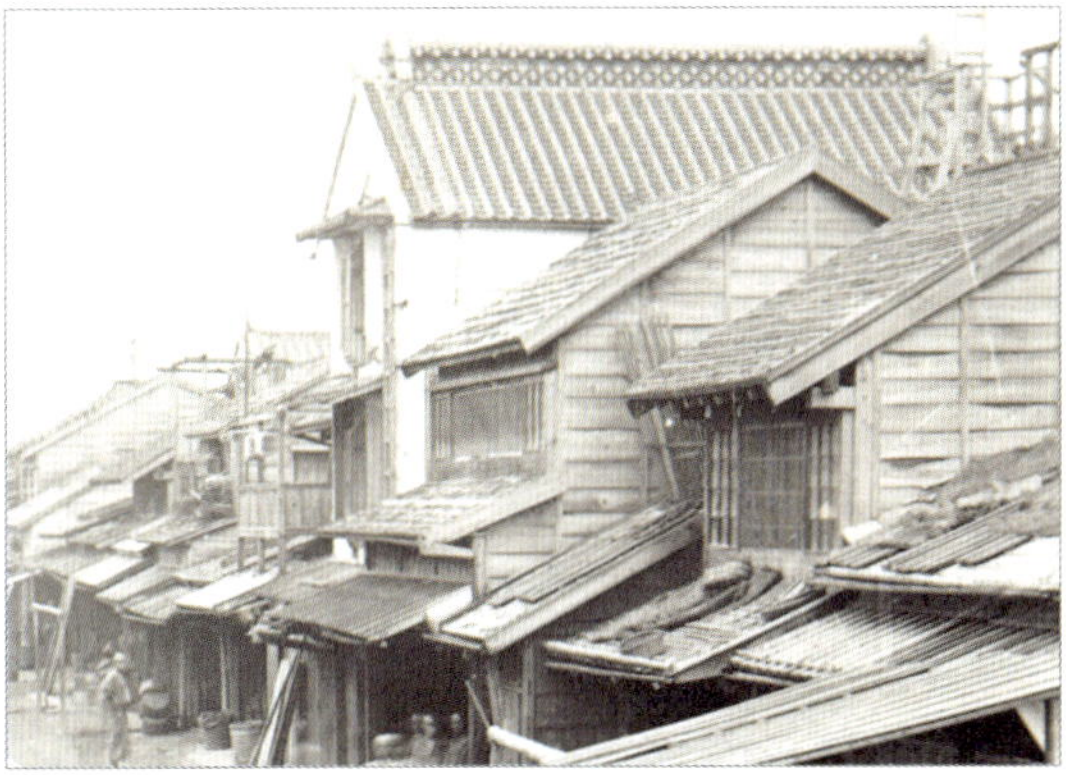

04 土蔵（三階建）

05 物干台（中央）

魚市場の昼の光景

安針町《あんじんちょう》は日本橋魚市場を構成した町のひとつ。慶長5年（1600）に豊後に漂着、のちに外交顧問として徳川家康に仕えたイギリス人、三浦按針《みうらあんじん》*1（ウィリアム・アダムズ）が、この地に屋敷を構えていたことが町名の由来とされる。江戸期から震災前までの魚市場は専用の施設ではなく、魚問屋がいくつかの町内に並んでいた。大正期の記録には、その地域は本船町《ほんふなちょう》、安針町、長浜町、室町《むろまち》、本小田原町《ほんおだわらちょう》および魚河岸地で、面積1万1324坪、建坪7092坪とある（『日本橋魚市場ニ関スル調査』）。これらは日本橋川の北側、現在の中央通りより東側の町で、一帯が魚市場と呼ばれた（■1）。

写っている町屋は魚問屋とみられるが、すでに魚の売買は終っており、店頭はどこも空っぽだ。大正期の話だが、午前10時頃に「河岸引け」（取引終了）、11時には店を仕舞う段取りになっていたという（尾村幸三郎『日本橋魚河岸物語』）。

画面で目につくのは、店舗の軒先に並んだ、2本の支柱の上に横材を渡した構造物（名称不明）だ。『江戸名所図会』の「日本橋魚市」（p.151 ■2）にも、同様の構造物が描かれており、この上に日除け・雨除けの庇《ひさし》を架けたものとみられる。画面では庇になる細長い板状の部材がなぜか疎《まば》らだが、大正期の魚市場の写真には、同様の庇が連続している様子が写っている（p.157 ■1）。江戸期にはこの庇の下で、売り物の魚が板舟《いたぶね》という板の上に並べられていた（p.151 ■2、p.157 ■2）。板舟は幅1尺、長さ5～6尺の板で、その所有権の売買や賃貸も行われた。

*1 **三浦按針《みうらあんじん》**
1564～1620。イギリス人ウイリアム・アダムズ。外交顧問として徳川家康に仕え、相模三浦郡に所領を与えられた。

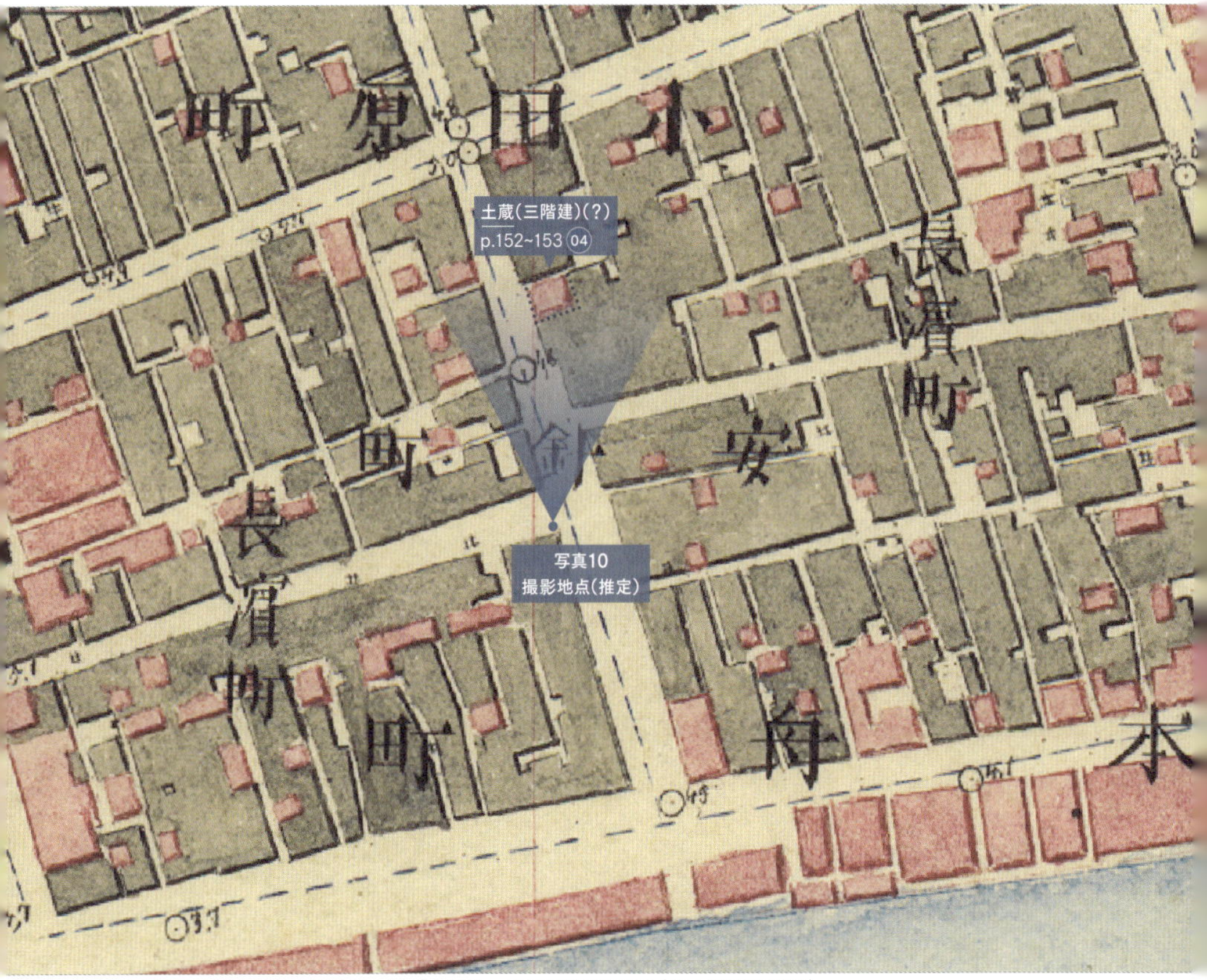

■1 安針町周辺 明治17年(1884)『五千分一東京図測量原図』(国土地理院所蔵)

画面の建物は表店《おもてだな》*2にもかかわらず粗末で、土蔵を除けば屋根は板葺《いたぶき》02*3、壁は下見板張《したみいたば》り*4だ。幕府は江戸期を通じて、防火のために町屋の瓦葺を奨励したが、それも十分に進まなかった。建築に費用をかけたとしても結局はすぐ火災にあってしまうのが、江戸の町屋の宿命だったからだ。実際、安針町は安政5年（1858）11月15日の火災（日本橋も類焼）のあと、文久3年（1863）11月23日、元治元年（1864）3月14日と立て続けに火災にあっている（『武江年表』）。

通り右側の三階建ての土蔵04だけが際立って立派だが、この土蔵は、明治17年（1884）の地図に赤色で描かれている建物と同一の可能性が高いと思われる（p.155 ■1）。撮影地点の特定は、この土蔵の位置と画面右手前の横道（右から1軒目と2軒目の間）の存在に拠《よ》った。

土蔵手前の町屋の上には、火の見梯子《ひのみばしご》03が見える。また、右手前の町屋の軒下に笊《ざる》01が吊ってあるが、ここに釣り銭用の小銭を入れておいたのだろうか。昭和の頃も八百屋の店頭などでよく見られた懐かしい光景だ。

未舗装の路面は凸凹で、雨上がりなのか、至るところに水たまりが出来ている。雨が降れば、江戸の道は大方このような状態になったのだろう。こうした道の状況は絵画で表現されることはなく、写真でしかわからない。

手前で訝《いぶか》しげにカメラの方を見上げる人びとは、撮影が行われているのを見て集まってきた近隣の住民だろう。大人の男女のほか子供もいる。一番手前の派手な柄の着物を着て胸をはだけた男は、魚河岸の労働者だろうか。

*2 **表店《おもてだな》**
p.148 *2参照。

*3 **板葺《いたぶき》**
p.085 *3参照

*4 **下見板張《したみいたば》り**
家の外壁に用いる横板張り。

■1 大正期の魚市場 「内部ノ光景」(中央区立京橋図書館所蔵)

■2 板舟 「魚河岸ノ市」部分
『狂歌東都花日千両 日本橋之部』(江戸東京博物館所蔵、Image：東京都歴史文化財団イメージアーカイブ)

「江戸橋」

『ファー・イースト』1872年5月16日（明治5年4月10日）号掲載

02 江戸橋

01 橋台（南）（石垣部分）

08 小網町河岸の土蔵群

05 荒布橋

04 伊勢町堀（奥）

03 橋台（北）
（石垣部分

09 日本橋川

06 小舟町河岸の土蔵群（奥）

10 米河岸の土蔵（奥）

07 「イ」印の土蔵（中央）

土蔵の並ぶ水景

画面左手の橋が日本橋川に架かる江戸橋*1 02、正面が荒布《あらめ》橋 05、その奥に延びるのが伊勢町堀《いせちょうぼり》*2 04。川向こうに整列するのは小舟町《こふなちょう》 06（荒布橋より奥）、小網町《こあみちょう》 08（右手）の河岸地《かしち》*3に建てられた土蔵群だ。手前に3艘の小舟、奥には数艘の荷舟らしき舟が停泊している。岸辺に座る男は小舟の船頭だろうか。江戸橋は明治8年（1875）5月、石造アーチ橋に架け替えられており、この写真はそれ以前の、江戸期以来の風景をとらえたものだ。

小舟町は鰹節《かつおぶし》問屋が集まっていた町。土蔵の壁には所有者の商標（暖簾印《のれんじるし》）が描かれており、そのひとつに見覚えのある「イ」印が見える 07（■1）。これは鰹節の老舗「にんべん」*4の商標のようだが、明治6年（1873）の「第一大区沽券《こけん》地図」*5を確認したところ、土蔵裏側の向かいの町屋敷（小舟町三丁目）を「にんべん」（伊勢屋）の当主・高津伊兵衛が所持していることが判明した（■2）。土蔵はその町屋敷に付属する施設だったと考えられる。なお、「にんべん」の本拠地（居所・店舗）は瀬戸物町《せとものちょう》（現・日本橋室町）であり、こちらの小舟町の町屋敷の用途は明らかでない。

こうした河岸地の土蔵に保管されていたのは、多くは小舟町の鰹節問屋の商品と考えられる。鰹節は産地の土佐や薩摩から一旦大坂に集められ、その後、「下りもの」として海路で江戸に運ばれた。江戸の蔵の中でカビが付き、それを払い落とす作業を何度か繰り返すことによって、鰹節に特有の香気が醸し出され、旨みが増したという（宮下章『鰹節』）。

*1 **江戸橋**
日本橋の東側で日本橋川に架かる橋。関東大震災前までは現在地より下流にあった。

*2 **伊勢町堀《いせちょうぼり》**
日本橋川から米河岸と小舟河岸の間を経て、堀留町で西に折れ浮世小路に突き当たる堀。昭和3年（1928）埋立てにより消滅。

*3 **河岸地《かしち》**
水路や海に沿った物資上げ下ろしの場所。土蔵や納屋が建てられ、荷物置場とされた。

＊4　にんべん
鰹節販売の老舗。元禄12年（1699）創業。

＊5　沽券《こけん》図（沽券地図）
屋敷地の所有者・面積・評価額などを記録した図。

■1「イ」印の土蔵（中央）　p.158~159 07

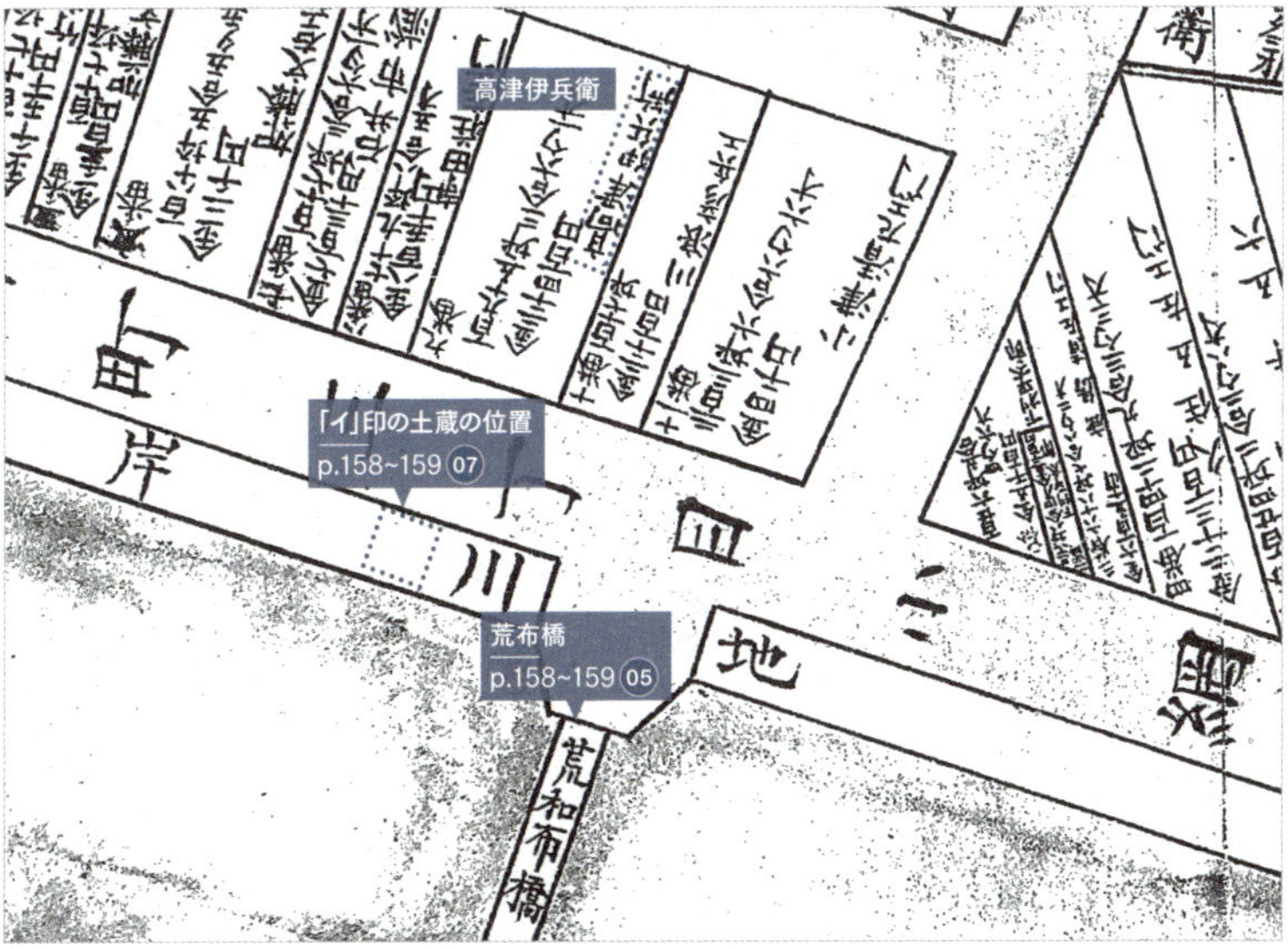

■2　小舟町「第一大区沽券地図」（東京都公文書館所蔵）

＊1 **チャールズ・ワーグマン**
1832～1891。イギリス人の画家・漫画家。『ジャパン・パンチ』を創刊。

Column 2

「江戸」を撮った外国人写真家——ベアトとモーザー

写真01「愛宕山から見た江戸のパノラマ」のフェリーチェ・ベアト、『ファー・イースト』のミヒャエル・モーザー。今日、写真によって「江戸」（江戸以来の都市風景）を読み解くことができるのも、彼らの撮影活動の賜物にほかならない。

ベアトは1834年、イギリス領キルケラ島（現・ギリシャ領）に生まれた（国籍はイギリス）。イスタンブールに移住後、50年代に写真技術を学び、のちにクリミア戦争に従軍、戦場写真家としてのキャリアを歩み始める。63（文久3）年の春頃、横浜のワーグマン＊1を頼って来日、愛宕山からパノラマ写真を撮ったと推定されるのは、この年の夏のこと。日本各地へも撮影に赴《おもむ》き、拠点とした横浜では、スタジオでの撮影のほか、外国人向けに風景や人物・風俗をテーマとした写真帖の販売を行った。しかし84年、投機に失敗し無一文となって日本を離れ、ビルマ（現・ミャンマー）で暮らした後、1909年、イタリアのフィレンツェで波乱に満ちた生涯を閉じた。

一方、モーザーは1853年、オーストリアのアルトアウスゼーに生まれた。66年、写真家ブルガーの助手となり、68年、師とともにオーストリア＝ハンガリー帝国東アジア遠征隊に参加、69（明治2）年に来日する。時に弱冠16歳の少年であった。

遠征隊の離日後もモーザーはひとり横浜にとどまり、翌70年、『ファー・イースト』のカメラマンとなる。そして73年に万博事務局の通訳としてウィーンに発つまで、同紙掲載用の写真の撮影に従事した。74年に日本に戻ったが、76年に再び離日、80年からは故国オーストリアのバート・アウスゼーで写真館を営み、1912年に没している。

　モーザーについては長らく詳しいことがわからなかったが、2016年、孫のアルフレッド・モーザー氏による伝記『明治初期日本の原風景と謎の少年写真家』（洋泉社）が刊行され、その生涯と日本での活動の様子が明らかになった。同書に引用されたモーザーの体験記のなかでも『ファー・イースト』の写真との関係で注目したいのは、「日本橋魚河岸の事件」と題して紹介された次のようなエピソードだ。

　魚市場の撮影依頼を受けたモーザーは、「魚屋の二階」から撮影する許可を得た。「主人はいないが、問題ない」と言われていたが、撮影を終えると年老いた主人が現れ、無礼を罰すると言って「刀」（包丁か）で危害を加えられそうになった。魚屋の従業員たちが主人を制止し、警官も出動してようやくその場が収まったという。

　この時撮影された写真が、まさしく写真10「安針町」ではないだろうか。二階からのアングルという点も符合する。撮影時に周囲は野次馬で溢れ返ったといい、現地には「魚による汚れや臭いが充満していた」とも記されている。

　当時は写真機も大型であり、なおかつ湿板写真[*2]であったため、薬品の塗布や現像を行う暗室を現場に仮設する必要があった。それは、ほとんどの日本人が初めて目にする光景だっただろう。ましてや撮影しているのは西洋人である。不審に思われることも多く、町中での撮影には身の危険さえともなった。幕末の江戸を訪れたベアトにも、大名屋敷の前で警備の武士の目を盗んで撮影したというエピソードが伝わっている（『アンベール　幕末日本図絵』）。

　異国の地の困難な状況のなかで、果敢に撮影に挑んだベアトとモーザー。幕末維新の激動期にあって、当時の都市風景を卓越した技術で写真に残した彼らには、最大の賛辞を贈りたい。

＊2　湿板写真
p.054 ＊3参照。

Ⅵ 築地

江戸↕現代

魚市場が日本橋から築地に移転したのは関東大震災後のこと。江戸期の築地地区は本願寺のほかは武家地と町人地で構成されていた。明暦の大火（1657年）後、それまで浜町（現・中央区）にあった本願寺の移転にともない海が埋め立てられ、埋立地を意味する「築地」がそのまま地名となった。愛宕山から大屋根が見えた本願寺本堂（写真01画面3）は、江戸最大級の仏堂であった。

写真12「本願寺本堂」 現在の本堂（伊東忠太設計、昭和9年築）は銀座方向（北西）を向いているが、江戸期の本堂は南西を正面としており、境内も今より広く、場外市場の領域を含んでいた。カメラが据えられたのは、現・晴海通り側から入ってすぐのあたり。同地点からの現状写真には、現本堂の側面が写る。

写真13「築地ホテル館からの眺め」 本願寺の南東に建っていたホテル館の塔屋《とうや》から北東方向を撮影。俯瞰で写るのは海岸沿いの町（上柳原町など）だ。ホテル館の跡地は現在、晴海通り南側の築地市場の立体駐車場がある場所。現状写真は地上から同じ方向を写しているが、一帯はオフィスビルやマンションが並ぶ街となった。

写真13

写真12

写真13（現状）

写真12（現状）

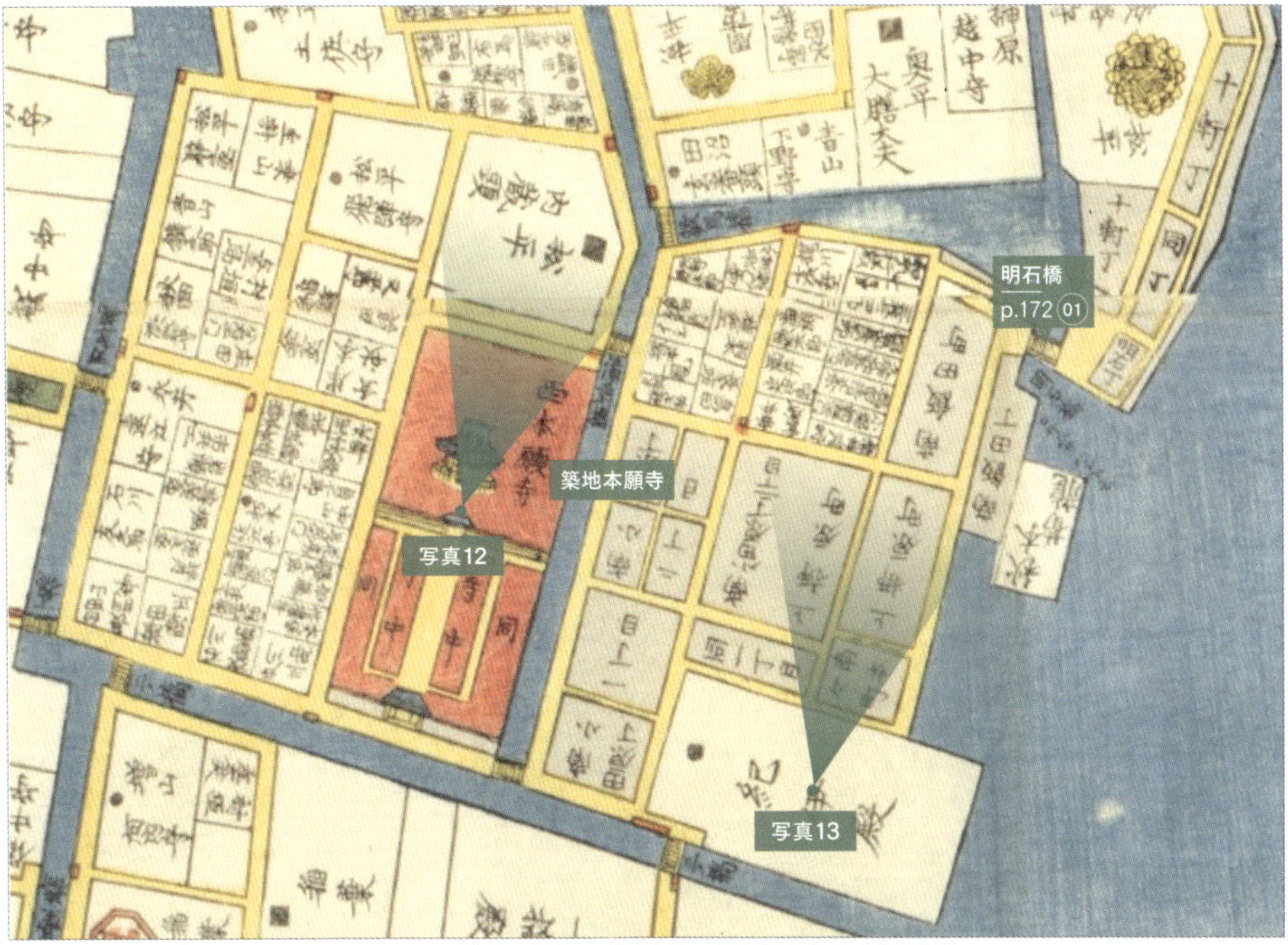

VI　築地　江戸「築地八丁堀日本橋南絵図」（尾張屋板切絵図）部分（国立国会図書館所蔵）

VI　築地　現代

「本願寺本堂」

『ファー・イースト』1872年4月16日（明治5年3月9日）号掲載

01 本願寺本堂

04 木鼻（右）

03 灯籠

02 向拝（中

江戸のランドマーク

築地本願寺*1は明暦の大火（明暦3年［1657］）後に、浜町から築地に寺地を移した。その本堂は幾度かの焼失・再建を繰り返し、幕末期に至っているが、安政2年（1855）10月2日の安政江戸地震では無事だったものの、翌3年8月25日の暴風雨で倒壊。写真12の本堂01はその後の再建により、万延元年（1860）11月に落成した。

江戸後期作成と推定される絵図（■1）によれば、規模は間口《まぐち》23間（42メートル）、奥行18間（33メートル）。これは当時の浅草寺本堂*2（観音堂）を大きく上回る規模であった。仏堂として江戸最大級の規模を誇るランドマークであり、愛宕山の頂上から築地方面を眺めると、周囲の家並みからその大屋根が突出して見えた（写真01画面3）。

実は写真が『ファー・イースト』に掲載された日（明治5年3月9日）、すでに本堂はこの世に存在しなかった。直前の2月26日に銀座・築地一帯を焼いた大火で焼失してしまったのである。その時、この巨大な本堂は「焔《ほのお》になめられ真赤な炭火となって北極のオーロラのような閃《ひらめ》きを四里のかなたの横浜まで投げかけながら突然崩れおちた」とフランスの法律家ブスケ*3は記している（『日本見聞記』）。『ファー・イースト』の記事によれば、写真は大火の数日前に撮影されたというが、図らずも建物の最後の姿をとらえたものとなった。

建物の細部を見てみよう（■2）。前面の向拝《こうはい》*4 02部分には精緻な彫刻が施されている。端部の木鼻《きばな》*5 04の彫刻は長い鼻と牙をもっているが、これは象をかたどったもの。また、正面の障子を見ると、升目によって濃淡があり、破れたところから障子紙を張り替えていたことがわかる。

*1 **築地本願寺**
p.081 *10参照

*2 **浅草寺本堂**
規模は間口17間、奥行16間（「寺社書上」）。

*3 **ジョルジュ・ブスケ**
1846〜1937。フランスの法律家。明治5年（1872）法律顧問・法学教師として来日、同9年帰国。

*4 **向拝《こうはい》**
仏堂や社殿で屋根の正面の階段上に張り出した部分。参拝者が礼拝する所。御拝（ごはい）。

＊5 木鼻《きばな》
部材の端が柱の外側に突出した部分。彫刻が施される。

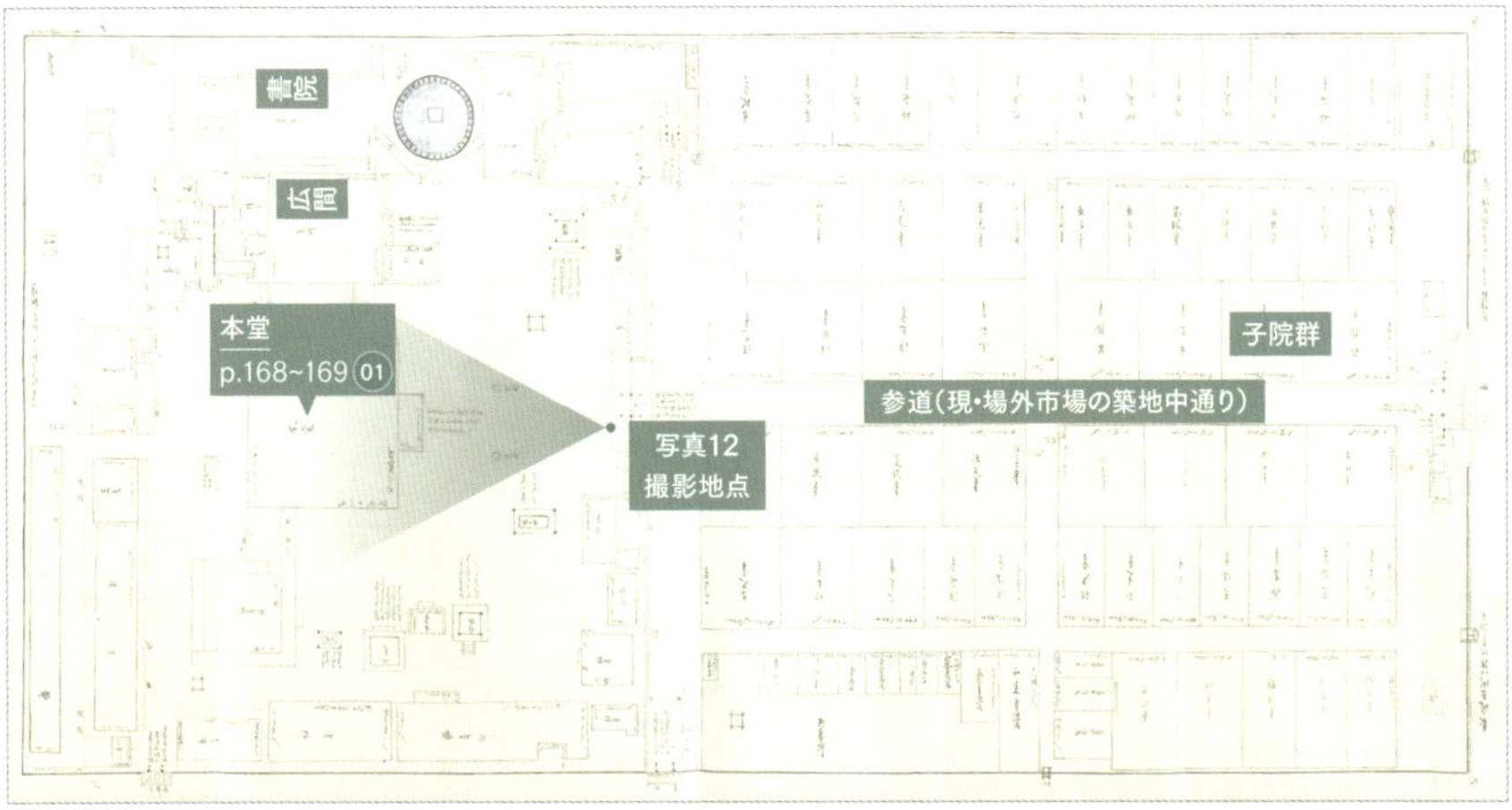

■1　築地本願寺境内 「築地本願寺境内幷地中絵図」（国立国会図書館所蔵）

■2　本堂の向拝　木鼻（右）　p.168~169 02 04

「築地ホテル館からの眺め」

撮影年代　明治5年（1872）以前

佃島（?）（奥）

01 明石橋（中央）

03 新湊橋(中央)

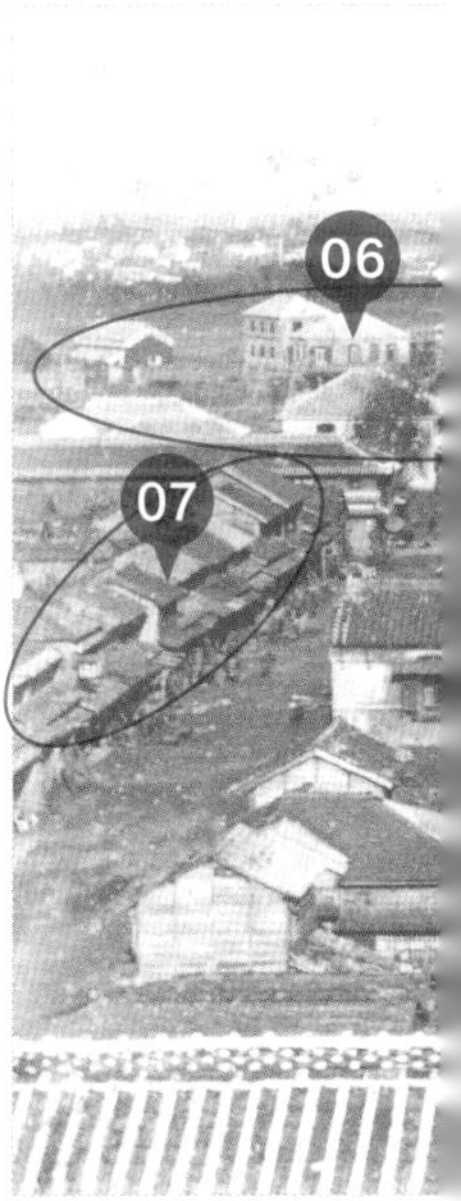

04 隅田川(中央)

05 舩松町付近(中央)

06 築地居留地(中央)

07 南小田原町二丁目(道の左側)

08 南飯田町付近

09 上柳原町付近

10 南本郷町付近

11 築地ホテル館屋根(手前)

裏長屋の実像

本願寺と同じく明治5年（1872）の大火で焼失した、築地ホテル館*1 11（■1）の塔屋《とうや》（中央屋根上の塔）からの撮影。眼下の家並みは手前から順に南本郷町10、上柳原町09、南飯田町08となる。各町の間には境界となる横道が通るが、画面では確認できない。江戸期の沽券図《こけんず》*2によれば、各町とも奥行（画面の左右方向）は京間《きょうま》*3 30間（約60メートル）、町屋敷の両側（画面の左右）が表通りに面していた。遠景の洋館が建つ一帯は、築地居留地《つきじきょりゅうち》*4 06だ。

町屋敷の内部に並ぶ横長の建物は裏長屋である（■3）。その多くは瓦葺の二階屋のようだが、裏長屋といえば、江戸東京博物館に原寸で再現されているような平屋をイメージする読者が多いのではないか。しかし、少なくとも19世紀には、二階建ての裏長屋はめずらしくなかった。戯作《げさく》*5本に描かれた、同じような瓦葺二階建ての裏長屋の例もあげておきたい（■2）。

時代劇の主人公にもなった実在の町奉行・遠山金四郎《とおやまきんしろう》*6によれば、町屋敷内の狭い路地の左右に建つ二階屋は、消防の差し支えになるうえ、博奕打《ばくちうち》や隠売女《かくしばいた》（私娼）、奉行所のお尋ね者（犯罪容疑者）などの隠れ家になったという（『市中取締類集』28）。この場所の裏長屋がそうした「隠れ家」だったという記録があるわけではないが、そう言われてみると、写真のように建て込んだ裏長屋には何だか怪しい雰囲気も感じられる。

拡大部分の裏長屋の二階は窓が開け放たれ、物干し竿《ざお》に洗濯物が掛っているので、この部屋には確かに人が住んでいる（■3）。上の方の物干し竿が斜めに掛かり、大きく撓《たわ》んでいるのが不思議だ。

*1 **築地ホテル館** 明治元年（1868）竣工の外国人向けホテル。設計はアメリカ人ブリジェンス、施工は清水喜助。明治5年2月26日の大火で焼失。

*2 **沽券図《こけんず》** p.161 *5参照

*3 **京間《きょうま》** 柱間（はしらま）の基準寸法。6尺5寸（約1・97メートル）。⇔田舎間（いなかま）。6尺（約1・82メートル）。

*4 **築地居留地《つきじきょりゅうち》** 明治元年（1868）に

現・中央区明石町に置かれた外国人居留地。

＊5 戯作《げさく》

江戸後期の通俗小説類の総称。

＊6 遠山金四郎《とおやまきんしろう》

1793〜1855。旗本。名は景元。天保11年（1840）3月、町奉行となる。

■1 築地ホテル館 『ファー・イースト』1870年8月16日（明治3年7月20日）号掲載（横浜美術館所蔵）

■2 二階建ての裏長屋 文化9年（1812）山東京山『歳男金豆蒔』（早稲田大学図書館所蔵）

■3 裏長屋 写真13 部分

PHOTO
写真 01
写真 02
写真 03
写真 04
写真 05
写真 06
写真 07
写真 08
写真 09
写真 10
写真 11
写真 12
写真 13
写真 14
写真 15
写真 16
写真 17
写真 18
写真 19
写真 20

AREA
I 愛宕山
II 江戸城
III 霞ケ関
IV 永田町
V 日本橋
VI 築地
VII 赤坂
VIII 御茶ノ水
IX 羅漢寺

Ⅶ 赤坂

江戸↕現代

都心の繁華街・赤坂は江戸城外堀の城門のひとつ、赤坂門の外側に開かれた街。東側の外堀と溜池に沿った谷の部分に町人地が広がっていた。一方、西側の地形は起伏に富んでおり、台地上に大名・旗本、谷あいに御家人《ごけにん》(下級の幕臣)の屋敷地が配されるという山の手の武家地特有の住み分けが見られた。赤坂見附交差点の北側には、現在も外堀の一部である弁慶堀が江戸期と変わらず水を湛《たた》えている。

写真14「赤坂の町並み」　赤坂門内を少し北に進んだ地点から、西側の町並みを撮影。撮影地点は弁慶堀東端(高石垣が現存)の東京ガーデンテラス紀尾井町の敷地内だ。画面の中心は、現在では無数の車が行き交う赤坂見附の交差点。周囲にはオフィスやホテルの高層棟が建ち並び、弁慶堀の上を首都高が通り抜けていく。

写真15「黒鍬谷《くろくわだに》」　撮影地点は赤坂見附から大山道(青山通り旧道)を西に700メートル程進んだ場所。現・赤坂ガーデンシティ付近の崖上から、南側の黒鍬谷(御家人の屋敷地)をとらえている。茅葺《かやぶき》の家屋が並んでいた黒鍬谷は、住宅密集地、背後の台地(広島藩中屋敷跡地)はTBS・赤坂サカスへと変わった。

写真14

写真15

写真14(現状)

写真15(現状)

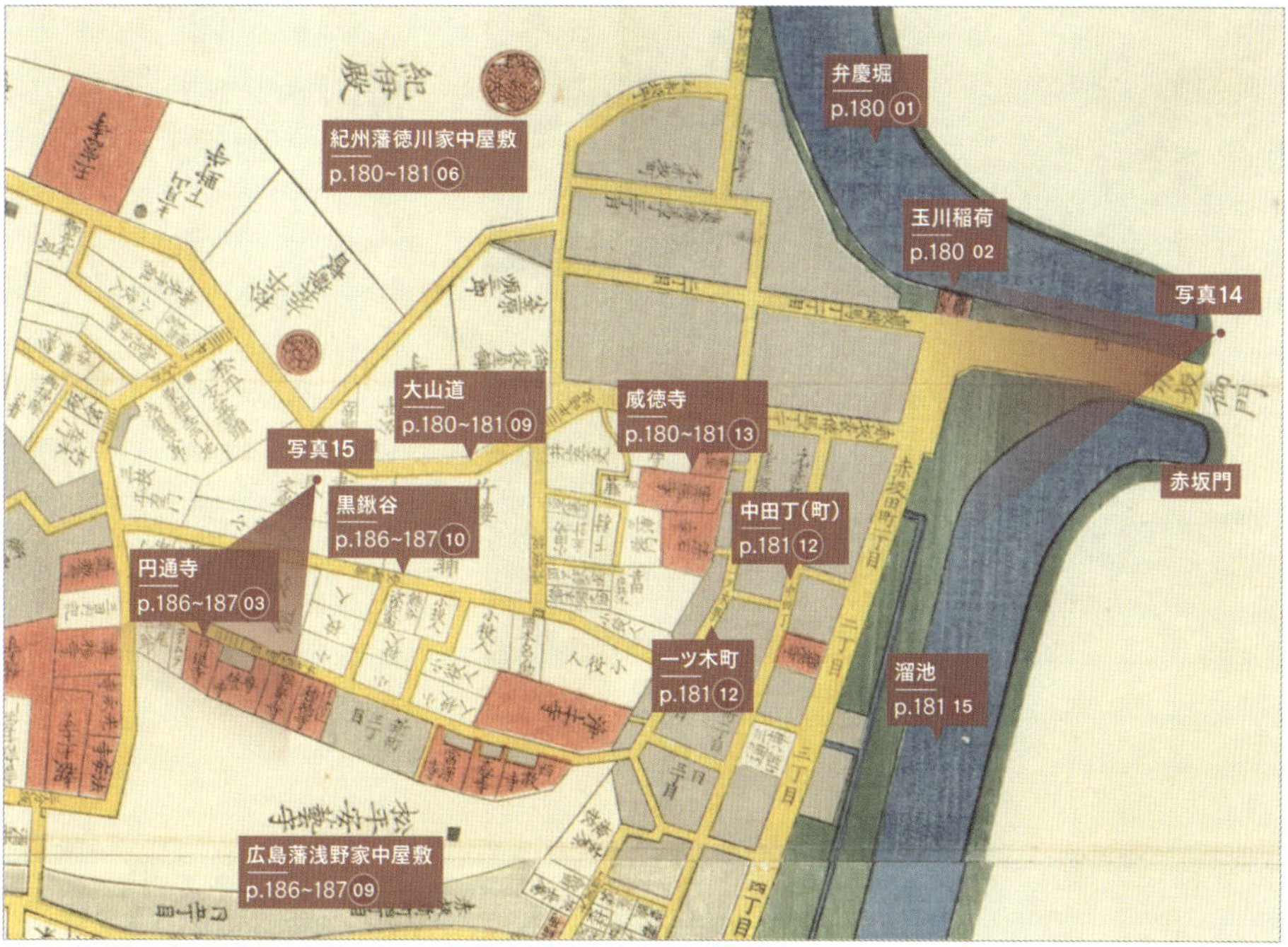

VII 赤坂 江戸「赤坂絵図」(尾張屋板切絵図)部分(国立国会図書館所蔵)

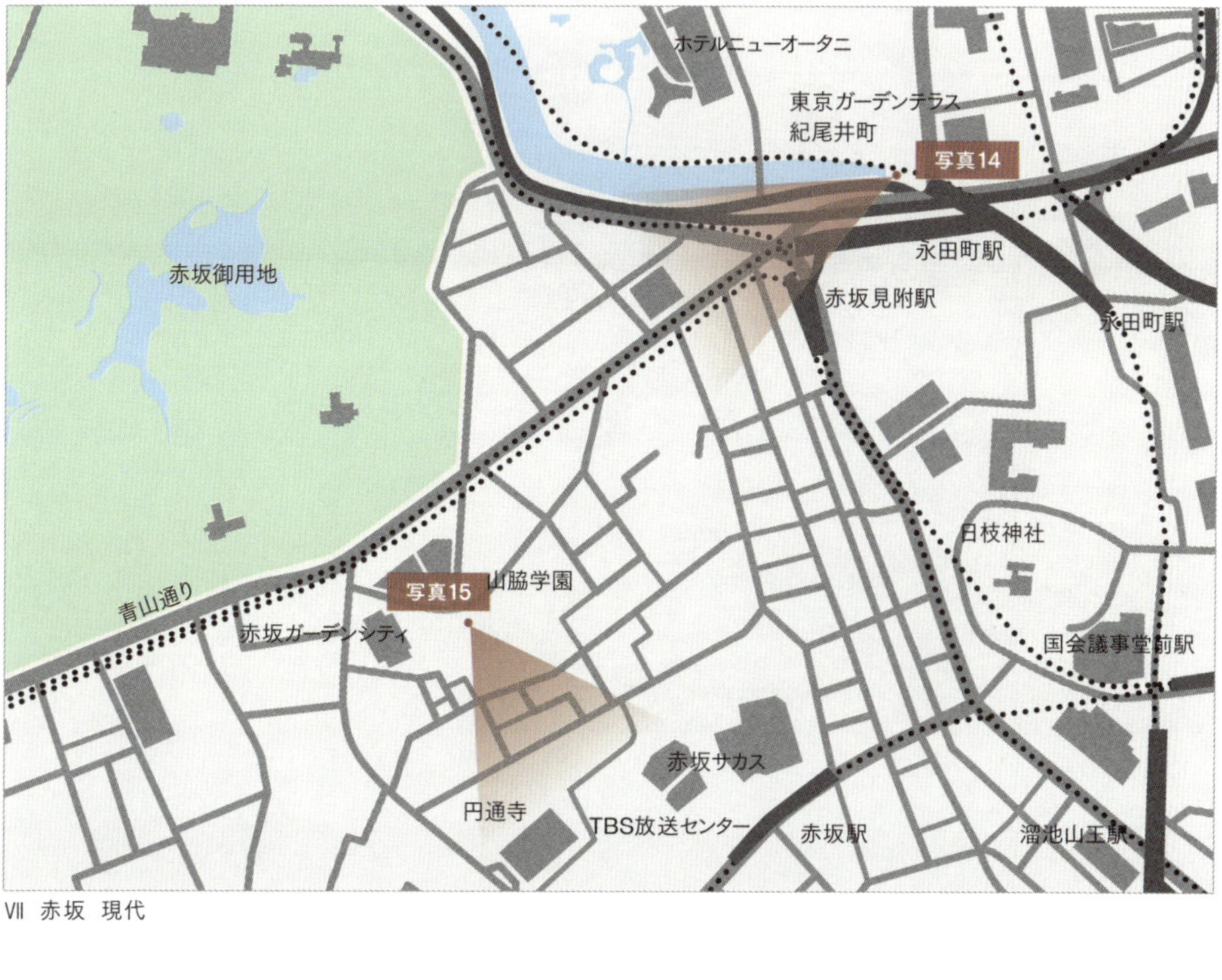

VII 赤坂 現代

「赤坂の町並み」

『ファー・イースト』1872年9月16日（明治5年8月14日）号掲載

神木（イチョウ）

01 弁慶堀（右）

床番屋

02 玉川稲荷社

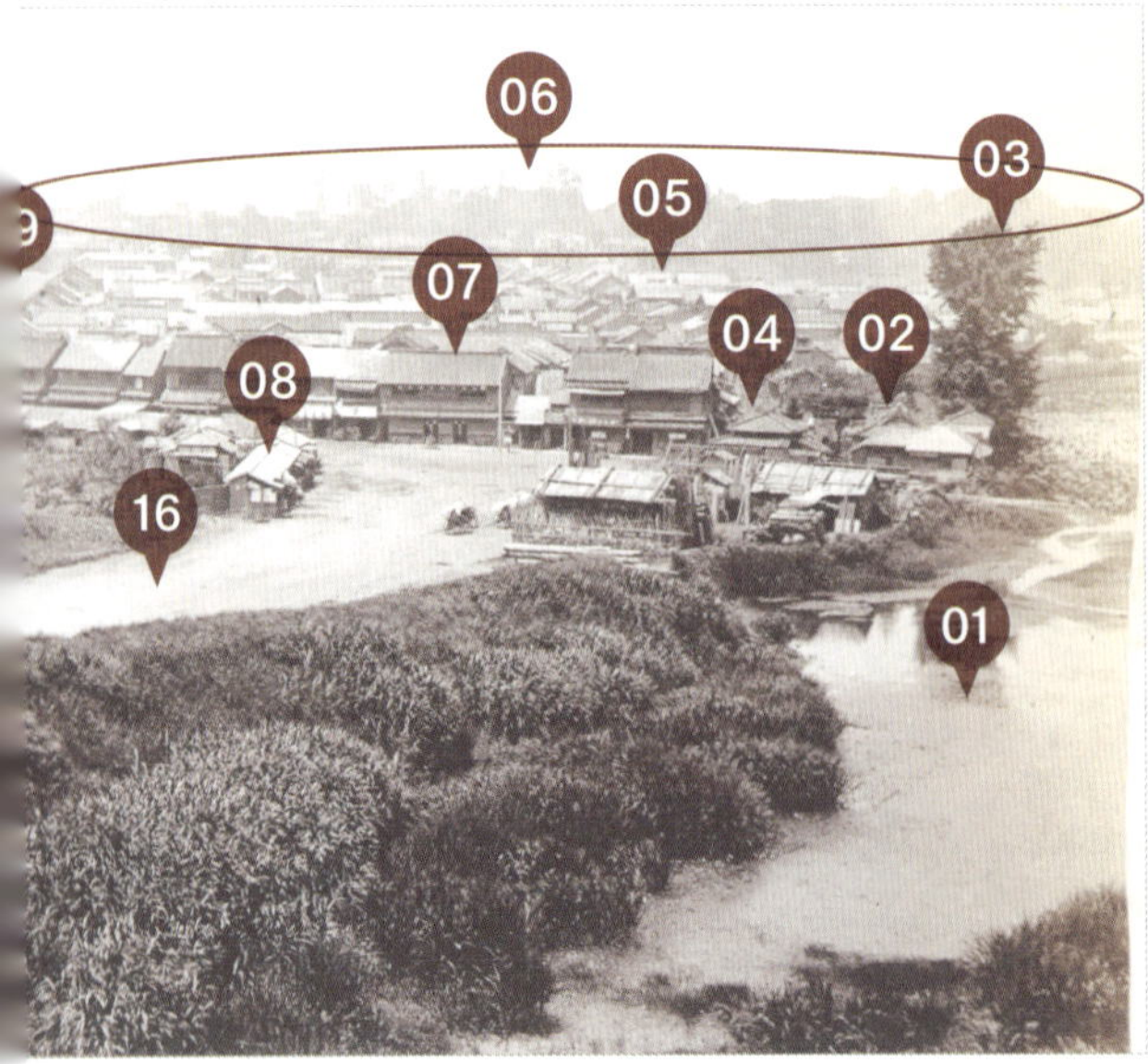

05 赤坂裏伝馬町一丁目

06 (元)紀州藩徳川家中屋敷(奥の樹
(現・赤坂御用地)

07 赤坂表伝馬町一丁目

08 床店(中央)

09 大山道(現・青山通り)

10 (元)植木御植付場所

11 自身番屋・火の見櫓(中央)

12 一ツ木町・中田町付近(中央)

13 赤坂不動尊(威徳寺)付近(中央)

14 赤坂田町一丁目

15 溜池

16 赤坂門前の坂道(手前)

谷に広がる町

地形的に谷の底部にあたる赤坂見附の交差点付近には、都市化以前には川（赤坂川）が流れ、それに沿って水田が広がっていたと考えられる。新宿区の四谷三丁目あたりを源流とした川は、鮫ヶ橋《さめがはし》*1の谷を刻み、のちに紀州藩*2中屋敷 06（現・赤坂御用地）となる土地の中央を抜けてここに至っていた。その下流部分を江戸初期にせき止めてつくった人工池が溜池《ためいけ》*3 15 だ。

この谷あいに赤坂伝馬町 05 07 と赤坂田町 14 が設けられたのは、赤坂門と弁慶堀《べんけいぼり》*4 01 が構築・造成された寛永13年（1636）の外堀普請《ふしん》直後のこと。田町の名はここがかつて水田であったことを物語っている。

玉川稲荷

正面中央の町並みは赤坂表伝馬町一丁目 07、左は赤坂田町一丁目 14、弁慶堀 01 の際には玉川稲荷 02 が写る（■1、■2）。江戸時代、弁慶堀の南岸には四谷門外（現・四ツ谷駅付近）から分水された玉川上水*5が開渠《かいきょ》で流れていた。玉川稲荷の由緒によれば、御神体の「翁《おきな》形」（老人の姿）の木像（高さ8寸＝約24センチ）は、かつて上水を流れてきたものという（「寺社書上」）。建物は左が拝殿《はいでん》、右が土蔵造《どぞうづくり》*6の本殿、後ろに御神木のイチョウ 03 の大木が聳える。

同社は、明治21年（1888）に赤坂氷川神社*7（現・赤坂六丁目）の境内に遷座された。

*1 **鮫ヶ橋《さめがはし》** 現・新宿区若葉付近。赤坂川上流部の谷底の町で、江戸期には夜鷹（よたか）宿・切店（きりみせ）（下等な遊女屋）、明治期には貧民窟があった。

*2 **紀州藩** 紀伊国（和歌山県）和歌山に藩庁を置いた藩。御三家、55万石。家康の子・頼宣（よりのぶ）を藩祖とする。

*3 **溜池《ためいけ》** 江戸城南西の山王と赤坂の台地の間に造成された人工池。江戸初期には

上水として用いられたという。

＊4 弁慶堀《べんけいぼり》
赤坂門（赤坂見附）と喰違見附の間の堀。江戸城外堀のひとつ。

＊5 玉川上水
羽村から四谷大木戸まで多摩川の水を引いた上水。玉川庄右衛門・清右衛門兄弟によって承応3年（1654）に完成。

＊6 土蔵造《どぞうづくり》
p.148 ＊3参照。

＊7 赤坂氷川神社
赤坂地区の鎮守。8代将軍吉宗が赤坂見附付近にあった同社を現在地に移し、社殿を造営した。享保15年（1730）築の社殿（東京都指定文化財）が残る。

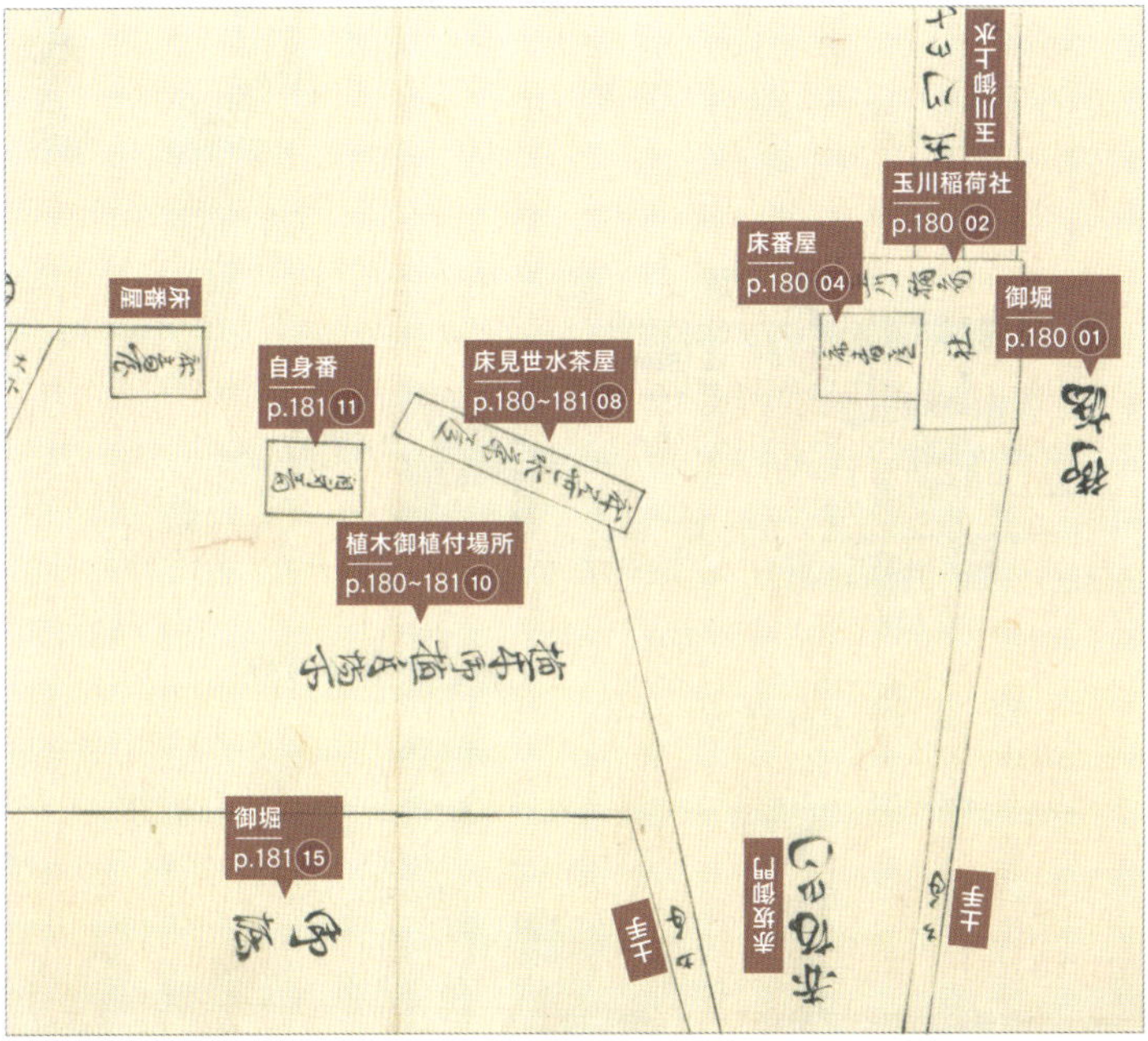

■1 赤坂門外 「市中取締続類集」53（国立国会図書館所蔵）

■2 床番屋（左） 玉川稲荷（右） p.180 04 02

■3 床店（中央） p.180~181 08

町と広小路の風景

赤坂表伝馬町一丁目07の町屋の店舗を見ると、建物は間口も高さも不揃いで、屋根も瓦葺と板葺が混在しているが、こうした町並みの実態は写真でなければわからない。赤坂門から下る坂道16の突き当りの広い部分は「広小路」で、その左手に建っているのは床店《とこみせ》[*8]08だ（p.183 ■3）。この床店は安政4年（1857）作成の絵図（p.183 ■1）にも描かれており、また時期は遡るが、文政10年（1827）の「町方書上」によれば、ここ赤坂門外の広小路では10人の「床店出商人《でしょうにん》」が営業を許可されていた。なお、右手に数台の人力車[*12]が止まっており、撮影日はその営業が始まった明治3年（1870）以降とわかる。

左の溜池に面した空き地部分は、同じ安政4年の絵図によれば「植木御植付場所」10だが、撮影時点でも何かを栽培しているように見える。その左、屋根の上に火の見櫓が立つ建物は、自身番屋《じしんばんや》[*9]11である。床番屋《とこばんや》[*10]04の左、角地に建つ町屋は屋根瓦の一部が落ち、横から斜めの木材で支えられるなど、かなり傷みが目立つ（■1の右）。また、左隣りの町屋には暖簾《のれん》が掛かっていて、その文字は右から「かハはた□」（□は判読不能）と読める（業種は不明）。

画面左手、奥へ向かう坂道は、この先渋谷から相模《さがみ》の厚木方面へ通じていた大山道[*11]09（■2）、現在の青山通り（国道246号線）の原形だ。新旧の地図を比較するとこの道は、赤坂見附交差点の陸橋脇の側道に相当する（■3）。ということは、それより右側の町屋の部分が広い交差点の路面と化したことになる。

*8 **床店**《とこみせ》
p.132 *3参照。

*9 **自身番屋**《じしんばんや》
町の自警のため自身番（町の住民）が詰めた番小屋。

*10 **床番屋**《とこばんや》
平時は髪結床（かみゆいどこ）の店であるが、非常時に番人が詰めた番小屋。

*11 **大山道**
赤坂門を起点とし、厚木、矢倉沢（神奈川県南足柄市）を経て沼津で東海道に合流した道。相模大山の参詣路であり、大

山道と呼ばれた。矢倉沢往還。

*12 **人力車** p.120 *1参照

■1 赤坂表伝馬町一丁目の町屋 p.180~181 07 右端

■2 大山道 p.180~181 09

■3 青山通りの側道

写真を読み解く

「黒鍬谷」

『ファー・イースト』1873年（明治6年）12月1日号掲載

円通寺表門（中央）

01 円通寺庫裏（手前）・座敷（その後ろ）

08 専修寺本堂

04 円通寺鐘堂（鐘楼）（中央）

03 円通寺本堂（奥）

09 （元）広島藩浅野家中屋敷（中央の丘の上）

05 円通寺七面堂

10 （元）黒鍬組大縄地（組屋敷）、黒鍬谷

06 専修寺門前町屋（中央）

07 円通寺坂（右上から左下へ下る）

場所不明の写真

茅葺《かやぶき》の家と畑らしき空き地、向こう側の丘の斜面は緑に覆われている。鄙《ひな》びた風景が広がる写真15の場所はどこなのか、長らく不明であった。原タイトルは「VIEW FROM AWOYAMA ROAD（青山道からの眺め）」。場所は特定できないものの、青山道（大山道）を西に進んだ青山の外れか、渋谷あたり（当時は農村）の風景だろうと踏んでいた。

しかしある日、右手の台地上の寺院は現在も赤坂にある円通寺《えんつうじ》*1ではないか、とふと思い、幕末の同寺の絵図（「諸宗作事図帳」、■1）を調べてみると、建物の配置が見事に一致した。明治初頭の赤坂に茅葺の家が並んでいたという事実が判明したのである。

茅葺の家並み

撮影地点は現在の赤坂四丁目、山脇学園西側の再開発地区「赤坂ガーデンシティ」付近。その台地上から眺めた、南側の赤坂五丁目方向の風景だ。

山脇学園の前を通る道は青山通りの旧道（大山道）であり、原タイトルの「AWOYAMA ROAD」とはそれを指していることになる。右手の丘の上の寺院は円通寺（日蓮宗）01～05、路面は写っていないが、その門前から

*1 **円通寺《えんつうじ》** 日蓮宗寺院。江戸期には時の鐘（時報）が打たれた。

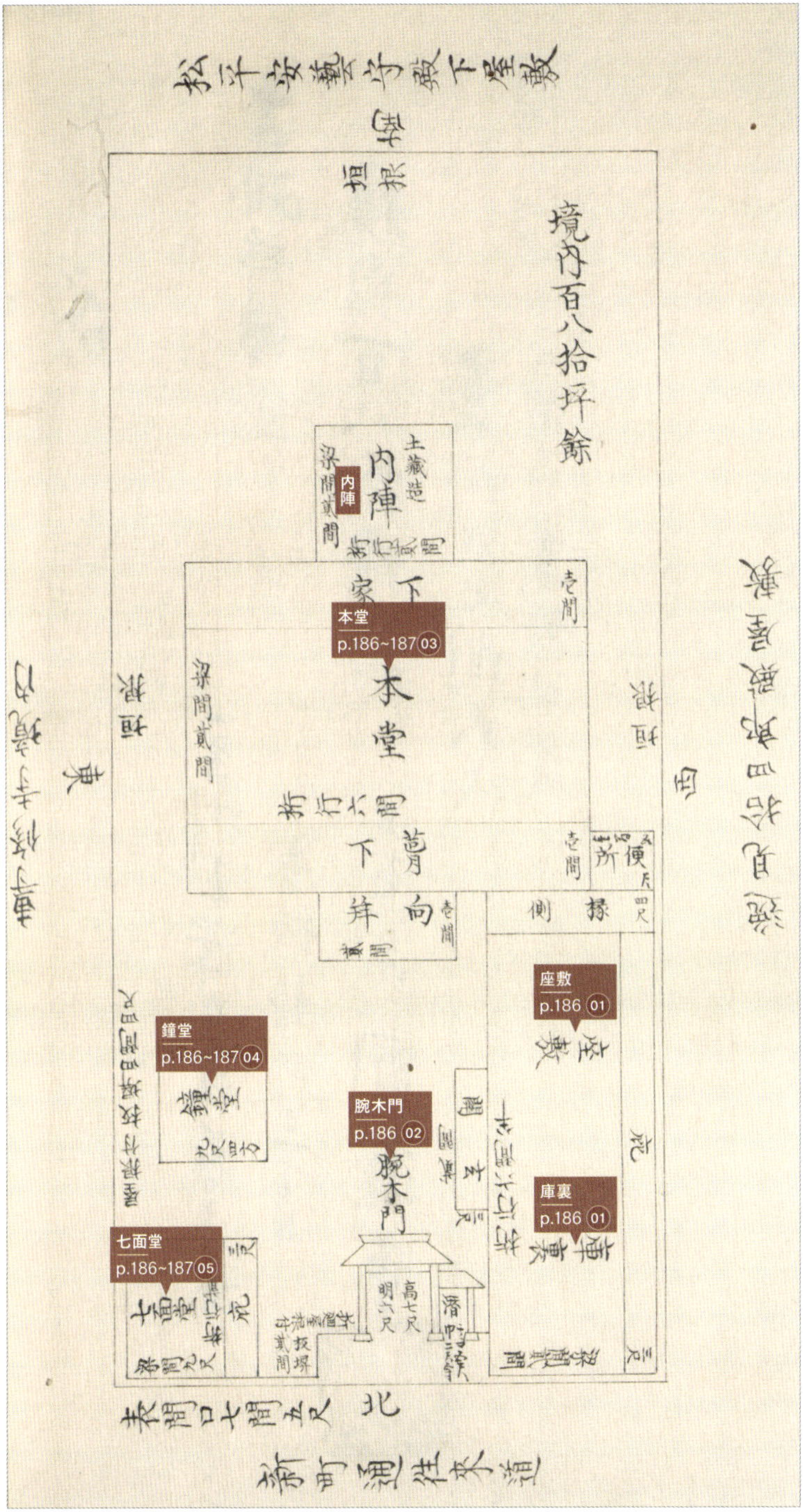

■1 円通寺 文久3年(1863)(推定) 「諸宗作事図帳」(国立国会図書館所蔵)

画面左へ、崖上を円通寺坂07が下っている。左手の三角形の屋根は、専修寺*2（浄土宗）の本堂08だ。前景の谷あい、茅葺・板葺の家屋が並ぶ一帯は切絵図（p.179）によれば、中央を左右に通る道（板塀沿い）の向こうが「御黒鍬《くろくわ》組」、手前が「小役人《こやくにん》」の屋敷地である。

黒鍬組とは、江戸城内の土木工事や堀の清掃などを担った黒鍬之者《くろくわのもの》という御家人《ごけにん》*3の組織のこと。その組屋敷《くみやしき》*4がここにあったので江戸時代、この谷は黒鍬谷《くろくわだに》と呼ばれた。小役人というのも、下級の幕臣であった御家人のことを指している。つまり、谷あいに並んでいるのは、いずれも御家人たちが暮らした住居ということになる。

画面右手前の畑らしき空き地の脇には板葺平屋の質素な小屋が建ち、背後の主屋も茅葺で農家と変わらぬ外観である。御家人は幕府から禄（給与）は貰っていたものの、多人数の家族を養うには十分ではなく、野菜などは自給していたと推測される。手前中央の家屋は、屋根が抜けるなど荒れ果てているが、維新を経て居住者がいなくなったのであろう。

江戸・東京の茅葺家屋

江戸の武家屋敷の建物は、幕末であれば、下級幕臣である御家人の住居であってもすべて瓦葺かと筆者は推測していたが、写真15でそれらに茅葺家屋があったことが判明した。そこであらためて記録を調べてみると、明治12年（1879）の建物棟数一覧に、赤坂区の「萱《かや》・藁《わら》葺」の家屋は272棟（うち4棟のみ二階屋、ほかは平屋）とあっ

*2 **専修寺**
浄土宗寺院。現在は品川区荏原に移転。

*3 **御家人《ごけにん》**
幕臣のうち将軍への御目見（おめみえ）以下の者。

*4 **組屋敷《くみやしき》**
下級の幕臣に対し、所属する組単位で与えられた居住地のこと。大縄地ともいう。

た（小木新造『東京時代』）。これは同区の全棟数（２５６９棟）の一割強に相当する。なお、市中全体では「萱・藁葺」の家屋は３６５７棟にのぼった。また、永井荷風《ながいかふう》*5によれば、自邸「偏奇館《へんきかん》」のあった麻布市兵衛町（現・港区六本木一丁目）付近の崖下には、大正期まで茅葺屋根の家が残っていたという（『断腸亭日乗』、「鐘の声」）。市兵衛町近辺の谷あいにも、御先手組《おさきてぐみ》*6という御家人の組屋敷があったので、その江戸以来の家屋に違いない。

東京市中には大正５年（１９１６）になっても、３３１８棟の「草葺き」家屋が存在していた（『東京日日新聞』）。当時の市域（東京十五区）は農村部に拡張する以前であり、江戸の都市域とほぼ重なる。「草葺き」棟数は前述の明治12年（１８７９）の統計による３６５７棟からさほど変わっていないので、このなかには、江戸の御家人たちが暮らした家屋も少なからず含まれていたはずだ。

門前町屋の実像

文久３年（１８６３）作成と推定される円通寺の絵図（p.189 ■1）と画面を比べてみると、本堂03のほか、七面堂05、鐘堂（鐘楼）04、庫裏01などの建物の配置が完全に一致する。そのすぐ左、坂に沿った板葺平屋の家屋は、隣の専修寺の門前町屋《もんぜんまちや》*7 06だ。両寺の背後の台地上は、幕末まで広島藩浅野家中屋敷*8 09（現・ＴＢＳ、赤坂サカス）だったが、画面の範囲に建物は見当たらない。維新後は空き地と化したようだ。

専修寺の門前町屋には、文久３年（１８６３）３月作成の絵図（p.193 ■1）によれば、右側の七軒長屋（7軒の店《たな》に分かれた棟割長屋《むねわりながや》*9）と左側の三軒長屋の２棟が路地を挟んで並んでいた。画面の建物は、坂沿いの高低差のため屋根が二段に分かれているものの、店を数えるとまさしく七軒長屋である（p.193 ■3）。絵図で確認できる位置も同じで、写真掲載日まで10年であるから、江戸期の建物が残っている可能性が高い。一方、左側に並んでいたはずの三軒長屋のほうは撤去されたのか、姿を消している。

さらに時期は遡るが、天保14年（１８４３）作成と推定される絵図（p.193 ■2）とそれに付された記録によって、

＊5 **永井荷風《ながいかふう》**
１８７９〜１９５９。作家。作品に小説『濹東綺譚』、日記『断腸亭日乗』など。

＊6 **御先手組《おさきてぐみ》**
弓組と鉄炮組からなり戦時に先鋒を務めた。平時は城門警備などに当たった。

＊7 **門前町屋《もんぜんまちや》**
寺社の境内地に建てられた町屋。表通り沿いに建てられることが多い。

＊8 **広島藩浅野家**
p.120 ＊4参照。

＊9 **棟割長屋《むねわりながや》**
一棟をいくつかの部屋に分けた長屋。

当時の居住者（世帯主）の名前と職種が明らかになる（■4）。2棟の長屋（七軒長屋・三軒長屋）には明店（空き家）もあり、計6世帯（萬之助は2軒を占有、明店が3軒）が居住していた。店の間口は、わずかに9尺（2・7メートル）か2間（3・6メートル）に過ぎず、住人は菓子・桶・数珠《じゅず》・青物・古着・植木の各商売の零細な営業者だった。なお、表（■4）の「家主《いえぬし》」（勘左衛門）とは建物の所有者ではなく、長屋の管理人（家守《やもり》）のこと。

江戸の中小寺院の門前町屋におけるこうした零細な店《たな》の姿を伝える写真は、今のところこの一枚以外に見いだしていない。

間口	住民	職種		
9尺	（明）		1	七軒長屋
2間	（明）		2	
9尺	萬之助	菓子商売	3	
9尺	同人（萬之助）		4	
2間	勘左衛門	家主・桶商売	5	
2間	八十八	数珠商売	6	
9尺	喜三郎	青物商売	7	
3尺	（路次）			
2間	庄吉	古着商売	1	三軒長屋
9尺	（明）		2	
9尺	金五郎	植木商売	3	

■4 専修寺の門前町屋 居住者と職業（■2に対応）

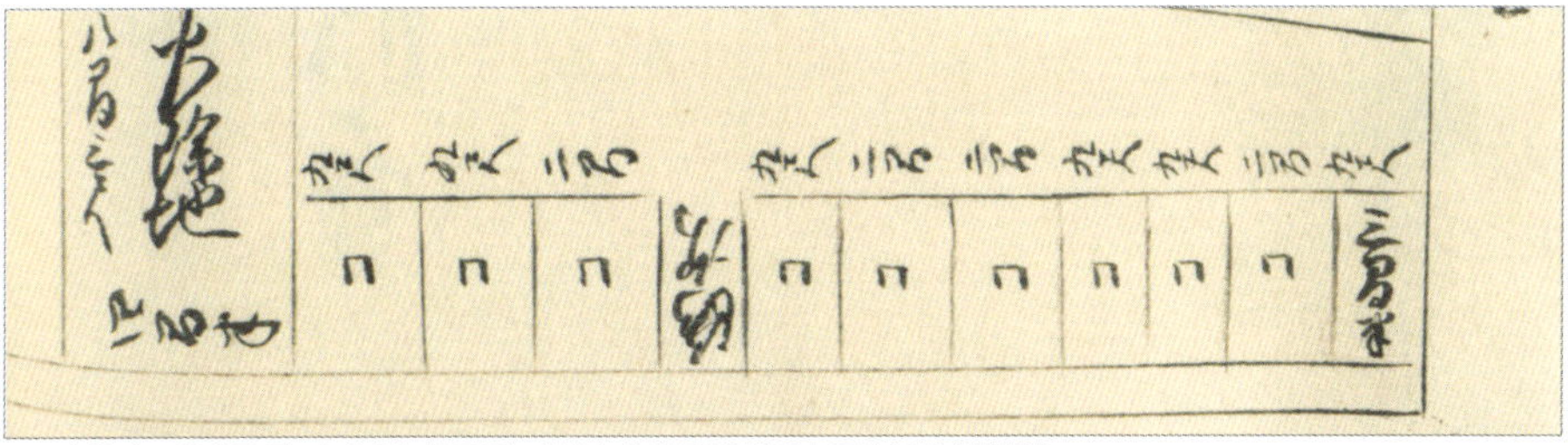

■1　専修寺の門前町屋　文久3年(1863)「諸宗作事図帳」(国立国会図書館所蔵)

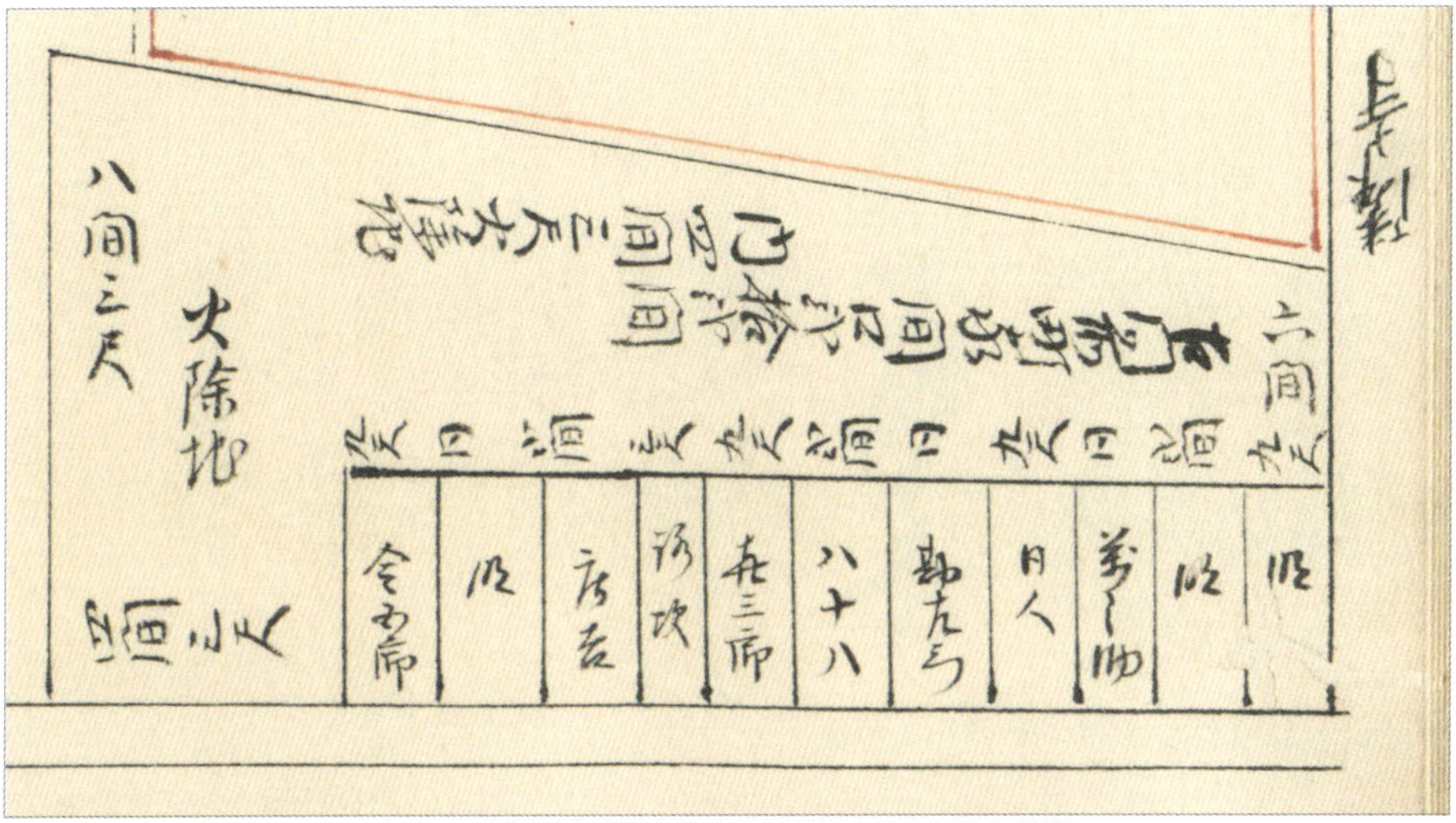

■2　専修寺の門前町屋　天保14年(1843)(推定)「諸宗作事図帳」(国立国会図書館所蔵)

■3　専修寺の門前町屋　p.186~187 06

Column 3

紀州藩士・酒井伴四郎の歩いた赤坂

幕末、赤坂の町を生活圏としていた人物が日記を書き残している。66頁で愛宕山に登った時の記事を紹介した紀州藩士・酒井伴四郎《さかいばんしろう》である。

伴四郎は万延元年（1860）と元治二年（1865）の二度、和歌山から江戸に赴《おもむ》き、勤番武士として写真14に写る紀州藩中屋敷06（以下、丸数字はp.180～181に対応）の長屋で暮らした。期間はそれぞれ1年7か月、2か月半ほど。天保5年（1834）生まれなので、着任時は（数え）27歳と32歳。和歌山に妻子を残し、江戸では単身赴任の身だった。その期間に記された詳細な日記は*1、江戸各所への外出や食事の記事が豊富で、当時の食事情や藩士の日常生活についての第一級の史料として知られている。

伴四郎の日記に頻繁に出てくる外出先の地名に「坂下」がある。地誌類や切絵図などでは見たことのない地名だが、屋敷前の紀伊国坂《きのくにざか》*2の下の元赤坂町あたりのことだろうと思われた。しかし、できれば正確にどのあたりを指しているのか裏付けがほしい。そこで日記を読んでいくと、万延元年8月28日の記事に「坂下之一ツ木《ひとつぎ》」という表記を見つけた。

「一ツ木（町）」とは大山道（現・青山通り）09南側の現・一ツ木通り《ひとつぎどおり》*3沿いの町の俗称で、切絵図（p.179）にも記されている。すなわち伴四郎のいう「坂下」とは、紀伊国坂の下に位置する赤坂の町の広い範

*1 **詳細な日記**
万延元年「江戸江発足日記帳」、元治2年「江戸詰中日記帳」。

*2 **紀伊国坂《きのくにざか》**
紀州藩中屋敷前から弁慶堀に沿って南に下る坂。小泉八雲の怪談「むじな」の舞台として知られる。

*3 **一ツ木通り《ひとつぎどおり》**
赤坂見附付近の青山通りとTBS付近を結ぶ赤坂の目抜き通り。

*4 **中田町**
切絵図（p.179）にも、田町の一本裏の通り（現・みすじ通り）に「中田丁（町）」の表記がある。

囲を漠然と指しているとみて間違いない。写真14に写る表・裏の伝馬町や田町を含む一帯が、伴四郎の日常的な行動範囲だったのである。

伴四郎は屋敷からほど近い赤坂の町で日々の買い物をするほか、髪結床《かみゆいどこ》（理髪店）や湯屋《ゆや》（銭湯）に入っている。また、鎗《やり》の鞘《さや》や合羽《かっぱ》の修繕、提灯《ちょうちん》の張り替えを頼み、そば、寿司、うなぎを食べ、酒を飲んだ。中田町*4 (12)では医者の診察を受け、一ツ木では寄席に入り常磐津《ときわず》*5を聴いた。町にはさまざまな商店・飲食店があり、武具などの修繕を請け負う職人もいたことが知られる。

またある時は、長屋の同居人・直助と連れ立って坂下の「不動さん」に参詣している。これは現在も一ツ木通り沿いにある赤坂不動尊・威徳寺《いとくじ》*6 (13)のこと。ほかに、現・溜池交差点付近にあった福岡藩黒田家中屋敷内の天神*7にも詣でている。

「赤坂伝馬町」(05)(07)の名が出てくるのは、元治2年（慶応元年、1865）5月5日。この日は晴天、昼過ぎから赤羽橋の水天宮《すいてんぐう》*8に参詣した後、増上寺境内を抜け芝神明前《しばしんめいまえ》*9に出て買い物をした。帰りには「節句の事ゆえ」赤坂伝馬町でそばを食べ、酒を一合飲んだ。その後、同所で修繕を頼んでいた鎗の鞘を受け取って帰宅している。

屋敷から歩いてすぐの町は、現代風にいえば「近所の商店街」であり、藩士たちはそこで日常の買物や外食をした。現在の赤坂見附周辺は大小のビルで埋め尽くされ、店といえば飲食店ばかりだが、1980年頃までは一ツ木通りに二階屋の個人商店が並んでいたことを筆者は記憶している。肉屋、豆腐屋、乾物屋などがあり、一角には銭湯（江戸風にいえば湯屋）も健在だった。小さな商店が集まって周辺住民の生活需要に応じる江戸以来の町のありようが、昭和の後半期まで受け継がれていたのである。

しかし、それもバブル期に一掃され、現在に至っている。

*5 **常盤津《ときわず》**
三味線伴奏の語り物音楽である浄瑠璃（じょうるり）の一種。

*6 **威徳寺《いとくじ》**
真言宗寺院。不動尊が信仰を集めていた。赤坂四丁目に現存。

*7 **黒田家中屋敷内の天神**
黒田家が屋敷内に勧請した太宰府天満宮。文久3年（1863）から庶民の参詣を許した（『武江年表』）。

*8 **水天宮《すいてんぐう》**
赤羽橋（現・港区）の久留米藩有馬家上屋敷の邸内にあったが、維新後、現在の日本橋蛎殻町へ移転。安産・子授けの神として有名。

*9 **芝神明前《しばしんめいまえ》**
芝神明宮（現・芝大神宮）の門前に広がっていた盛り場。

VIII 御茶ノ水

江戸↕現代

深い渓谷状になっている御茶ノ水駅付近の神田川は江戸時代の初期、元和2年（1616）に人工的に開削された。御茶ノ水とは、もと川沿いにあった高林寺境内の湧水を将軍家の茶の湯に用いたための名。川の北岸には湯島聖堂があり、南岸の駿河台には旗本屋敷が並んでいたが、台地上の両岸を結ぶ橋は存在しなかった。

写真16「高家《こうけ》の屋敷」　現・JR御茶ノ水駅北西の神田川北岸から、西側の旧旗本屋敷方向を撮影。現在は順天堂大学などのビルが並んでいる。

写真17「神田川の渓谷」　現・御茶の水橋付近の北岸から東側を撮影。右手（南岸）の崖の樹林はJR御茶ノ水駅となり、背後には御茶ノ水ソラシティの高層棟が建つ。アーチ状の聖橋の上に覗くのは秋葉原のビル群だ。

写真18「昌平橋」　駿河台から東に淡路坂《あわじざか》を下ったところ、神田川南岸の土手から東の昌平橋方向を撮影。土手はJRの線路に変わったが、撮影地点は中央線と総武線の線路が分岐するあたりとみられる。画面奥に広がる一帯は、電気街を経て今やサブカルチャーの街と化した秋葉原地区。

写真16

写真17

写真18

写真16（現状）

写真17（現状）

写真18（現状）

VIII 御茶ノ水 江戸 「江戸絵図」1号 部分(国立国会図書館所蔵)

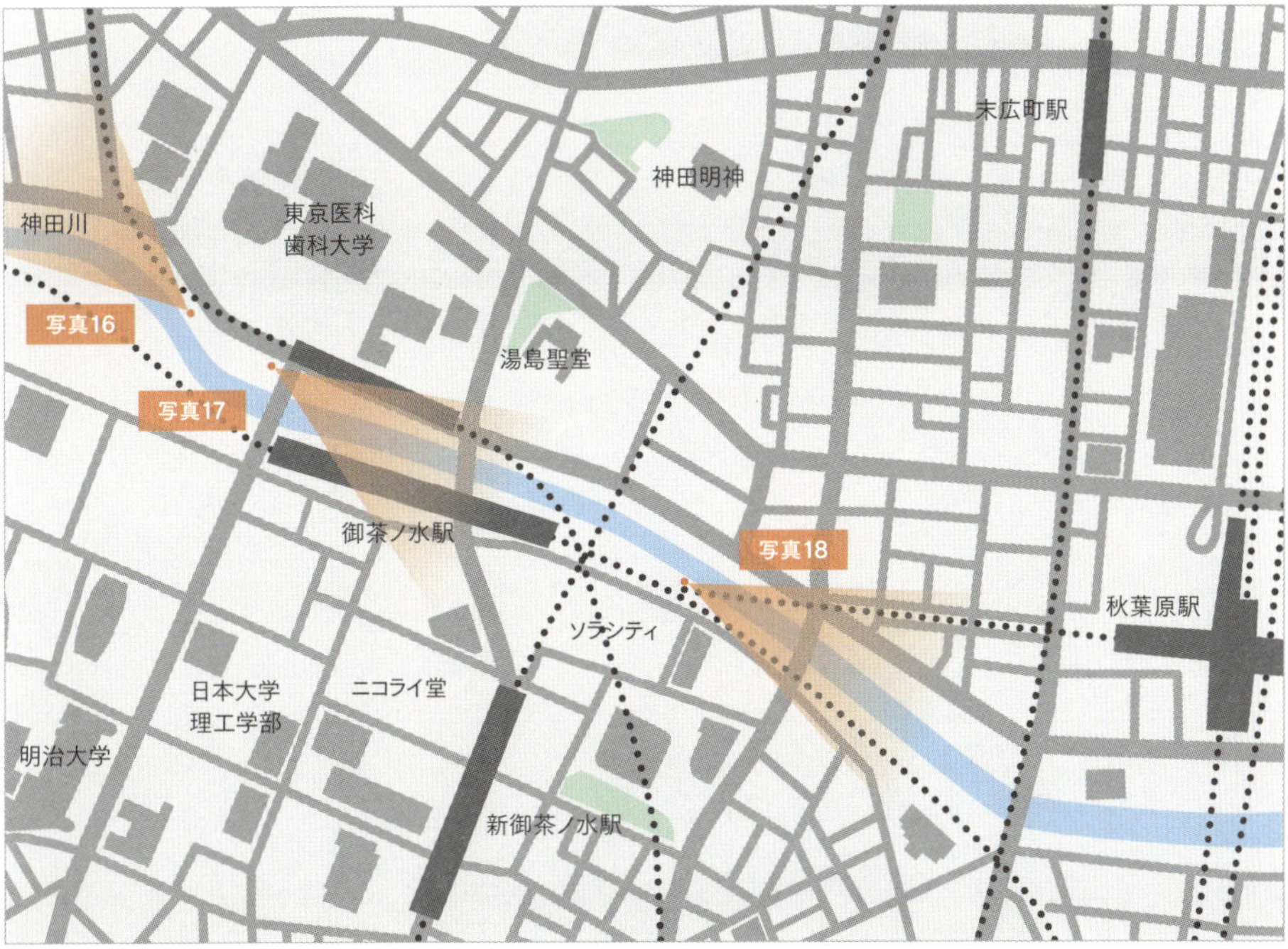

VIII 御茶ノ水 現代

写真を読み解く

「高家の屋敷」

『ファー・イースト』1873年（明治6年）2月4日号掲載

01 (元)旗本・内藤家屋敷表長屋

02 前田家屋敷表長屋

03 (元)旗本・稲垣家屋敷表長屋

04 神田川

史料の伝存する旗本の家

正面の表長屋は、地図を詳細に検討した結果、旗本・前田家の屋敷02のものと判明した。明治22年（1889）にニコライ堂[*1]から撮影されたパノラマ写真『全東京展望写真帖』[*2]にも、この表長屋が写っているから、明治16年（1883）の地図に見えるのも写真の建物である（■1）。地図を拡大してみると、長屋の左寄りに表門、左側には土蔵（赤色）もあり、画面に見える建物配置と一致する（p.205 ■1）。

前田家（1400石）は代々高家《こうけ》をつとめた家だ。高家とは幕府の典礼・儀式をつかさどる役職のことで、『忠臣蔵』で有名な吉良《きら》上野介《こうずけのすけ》も同役だった。表長屋は大名屋敷と同様の入母屋《いりもや》造（寄棟《よせむね》造より格上、p.084〜085参照）の二階建てで、大身旗本かつ高家という家格の高さを表している。

この前田家に関しては、系譜・先祖書などの文献史料のほか文学・美術関係資料が伝存しており、研究論集『高家前田家の総合的研究』（2008年）も刊行されている。現存する旗本家の史料が少ないなか、写真に写る家の史料があるのはきわめて幸運なことだ。

同書によれば、前田家がここ御茶ノ水に屋敷を拝領したのは、宝永6年（1709）のこと。土地は800坪で、これは幕末まで変わっていない。維新期の当主・長禮《ながひろ》は天保元年（1830）の生まれで、慶応元年（1865）に（数え）36歳で家督を継いでいる。

慶応4年（1868）3月、市中不穏となったため、幕臣の長禮は謹慎を表明、家族とともに巣鴨の下屋敷[*3]

*1 **ニコライ堂**
日本ハリストス正教会。江戸末期にロシアから日本に伝わった東方正教会。

*2 **『全東京展望写真帖』**
ニコライ堂の上から撮影された360度のパノラマ写真。

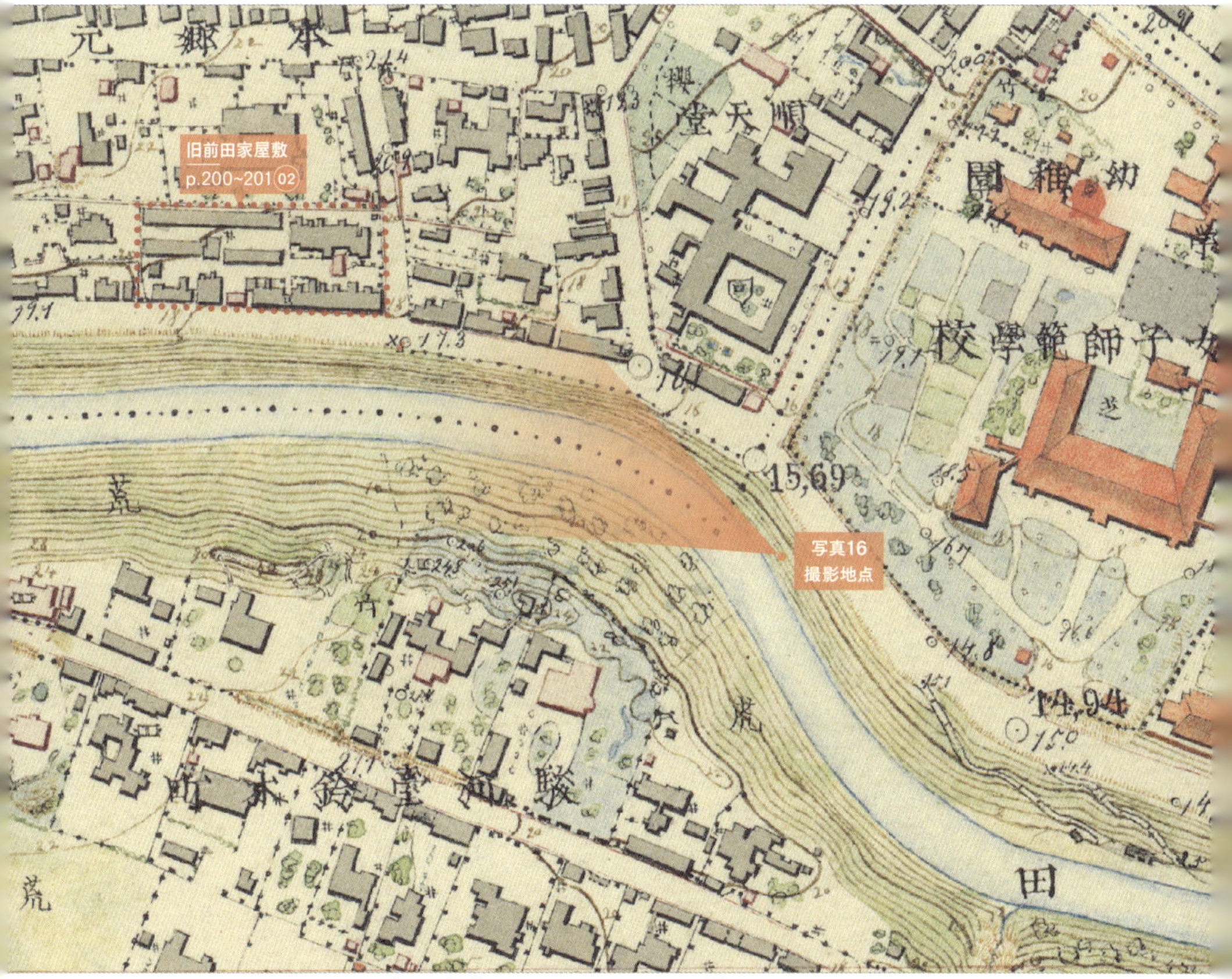

■1 御茶ノ水付近 明治16年（1883）『五千分一東京図測量原図』（国土地理院所蔵）

（1500坪）に引きこもった。江戸城開城後は朝臣[4]に召し加えられ、6月には御茶ノ水の屋敷に戻ったが、「本住居」（主屋）が破損していたため、表長屋に居住した。表長屋というのは、まさしく写真の建物だ。

明治2年（1869）6月には、あらためて明治政府から従来通り御茶ノ水の屋敷を下賜される。同5年9月には、邸内の東北部に建てた新居に移り、それまでの住まいだった表長屋は貸家にした。同15年（1882）に長禮は隠居、息子の長善が家督を継ぐ。同20年（1887）2月、長善はこの屋敷を売却、一家は本郷区丸山福山町[5]に引き移った。

このように、前田家は明治以後も江戸期と同じ屋敷を居所としており、明治初頭は写真に見える表長屋に家族一同仮住まいをしていたことが判明する。写真の撮影時期は正確には不明だが、草木が繁茂している状況から掲載日（2月4日）直近の冬ではない。もしそれが前年（明治5年）の9月以前なら、まだ前田家一家が長屋に住んでいた時期となる。人が住み続けていただけあって、画面の建物に目立った破損箇所は見えない。

＊3 **巣鴨の下屋敷**
現・豊島区巣鴨二丁目にあった前田家の下屋敷。

＊4 **朝臣**
朝廷（新政府）に仕える臣。

＊5 **本郷区丸山福山町**
現・文京区白山一丁目・西片一丁目。

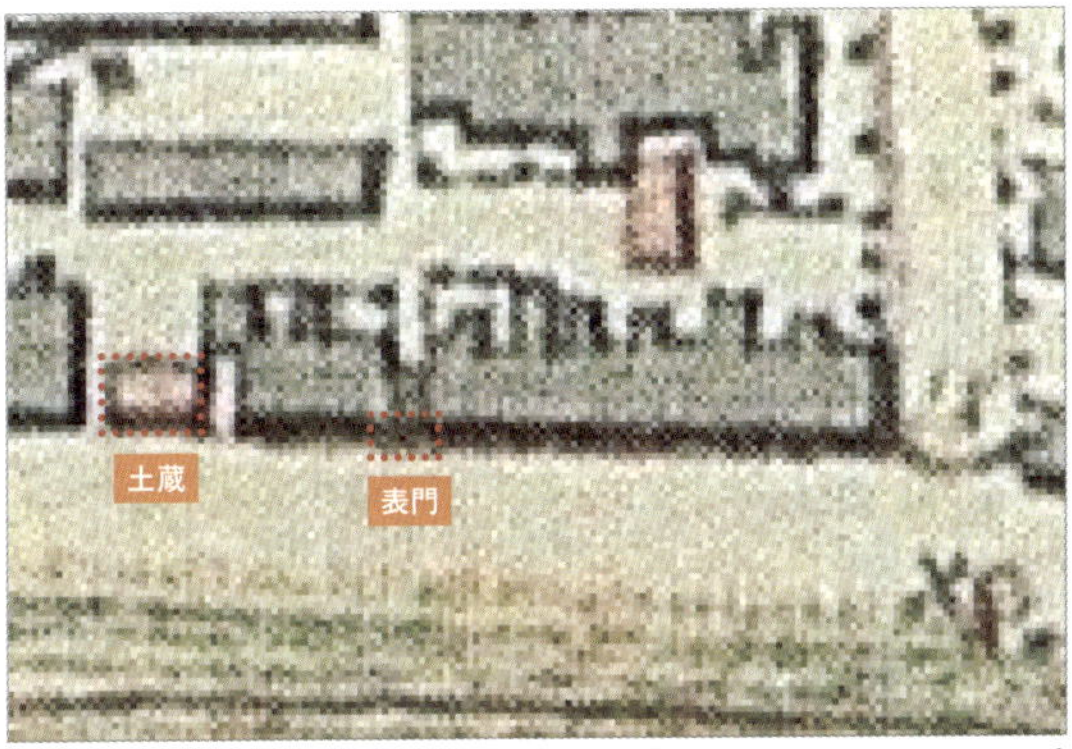

■1　前田家の表長屋　明治16年(1883)『五千分一東京図測量原図』(国土地理院所蔵)

■2　前田家の表長屋　p.200~201 02

「神田川の渓谷」

『ファー・イースト』1872年10月1日（明治5年8月29日）号掲載

駿河台（台地上）

01 神田川南岸（現・JR御茶ノ水駅付近）

05 河岸へ続く道

04 真木河岸

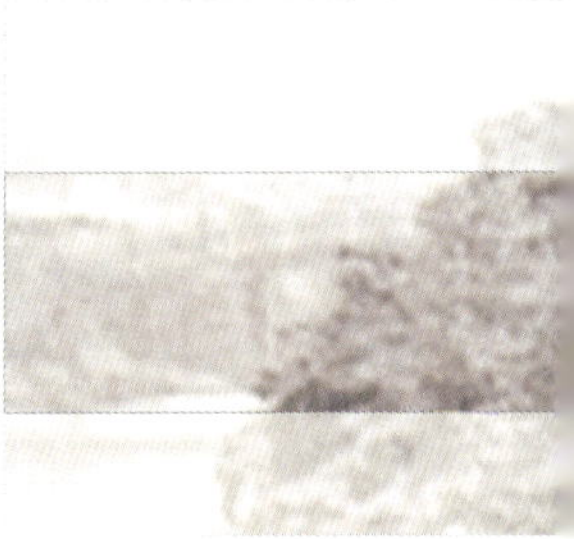

03 昌平橋（中央）

06 神田川

07 積み上げられた瓦

08 瓦を積んだ舟

谷底の物揚場

遠くに昌平橋03（■3）が写っているので（周囲の風景も写真18と一致）、御茶ノ水から東側の同橋方向を撮影したものとわかる。

画面上で遠方の町並みを隠すと、あたかも山間部の渓谷のようだ。崖上から神田川の水面までの高低差は15メートルほど。江戸時代、ここには「茗渓《めいけい》」という雅称《がしょう》が付けられていた。「茗」とは茶のことであり、この地にあった東京師範学校[*1]を前身とする筑波大学の同窓会「茗渓会」にその名を残している。

対岸の現・JR御茶ノ水駅のあたりの斜面01は鬱蒼とした樹林だ。現在、ニコライ堂[*2]などが建つ台地上は駿河台02と呼ばれた武家地で、幕末まで旗本屋敷が並んでいた。明治16年（1883）の地図（■1）には依然として、旗本屋敷時代の表長屋とみられる建物が随所に描かれている。

画面右下に3艘の舟が停泊しているが、ここの物揚場は「御茶ノ水河岸」と呼ばれた。舟の上08と岸07に積まれているのは瓦であろう（■2）（松本健「風景写真を読む」）。河岸からは手前に上ってくる急斜面の道05を、こんどは人力で上げねばならなかった。物揚場と台地上の通りをつなぐ斜面の道は、明治16年の地図にもはっきりと描かれている。

江戸期の神田川は舟運の重要な水路であり、柳橋（現・台東区）の隅田川との合流点から上流の牛込まで舟が通《かよ》った。現・飯田橋駅付近には、物揚場があったことを示す揚場町《あげばちょう》[*3]という地名も残っている。

*1 **東京師範学校** 明治5年（1872）に設立された最初の官立師範学校。

*2 **ニコライ堂** p.202 *1参照。

*3 **揚場町《あげばちょう》** 現・新宿区揚場町・神楽河岸。町名の由来となった揚場が2か所あった。

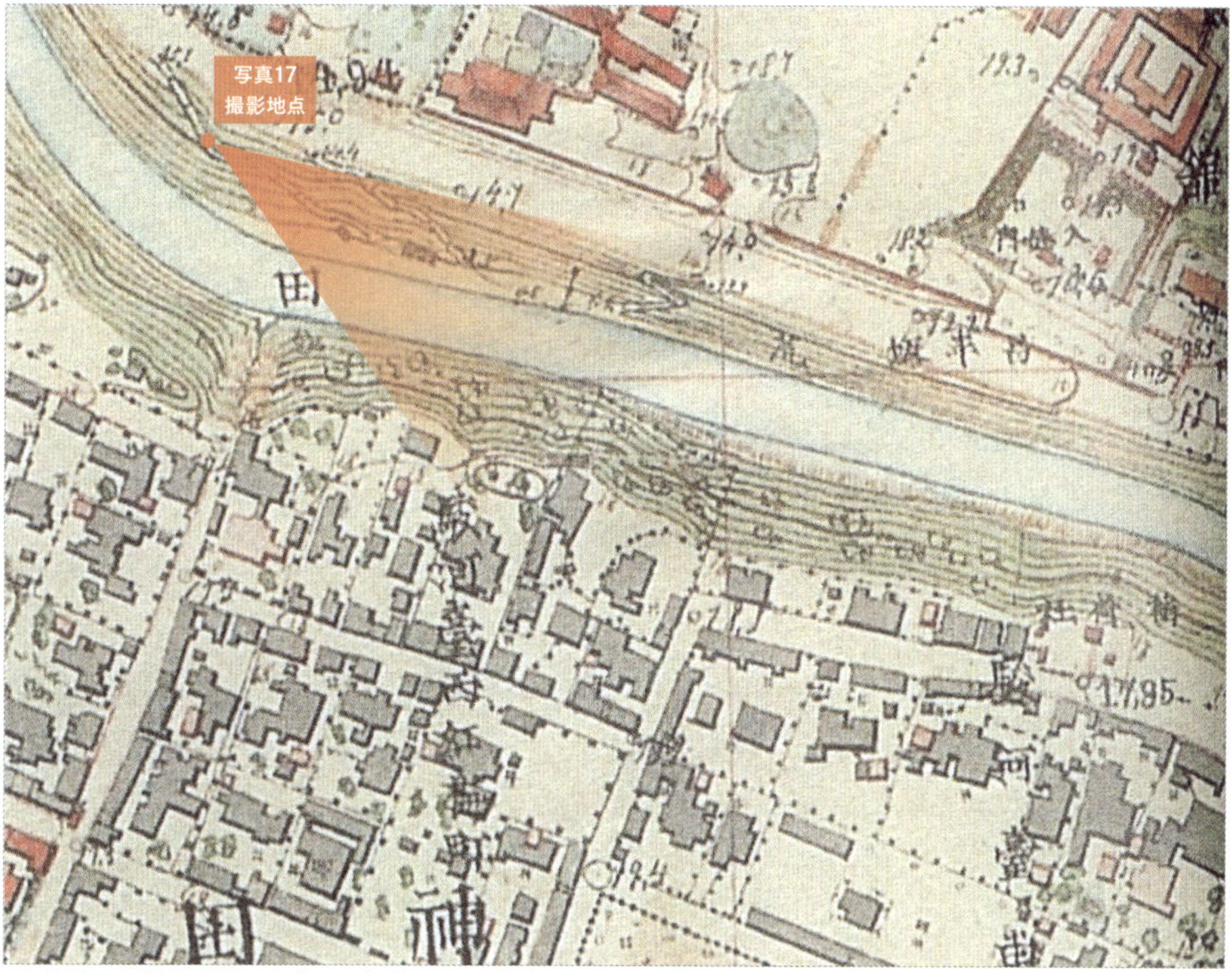

■1 御茶ノ水付近 明治16年(1883) 『五千分一東京図測量原図』(国土地理院所蔵)

■2 瓦を積んだ舟 p.206~207 08

■3 遠景 昌平橋付近 p.207 03

写真を読み解く

「昌平橋」

『ファー・イースト』1872年8月16日（明治5年7月13日）号掲載

01 筋違橋（中央）

04 現・秋葉原駅付近（奥）

03 湯島一丁目代地の町屋

02 昌平橋

05 湯島横町

06 真木河岸

07 神田川

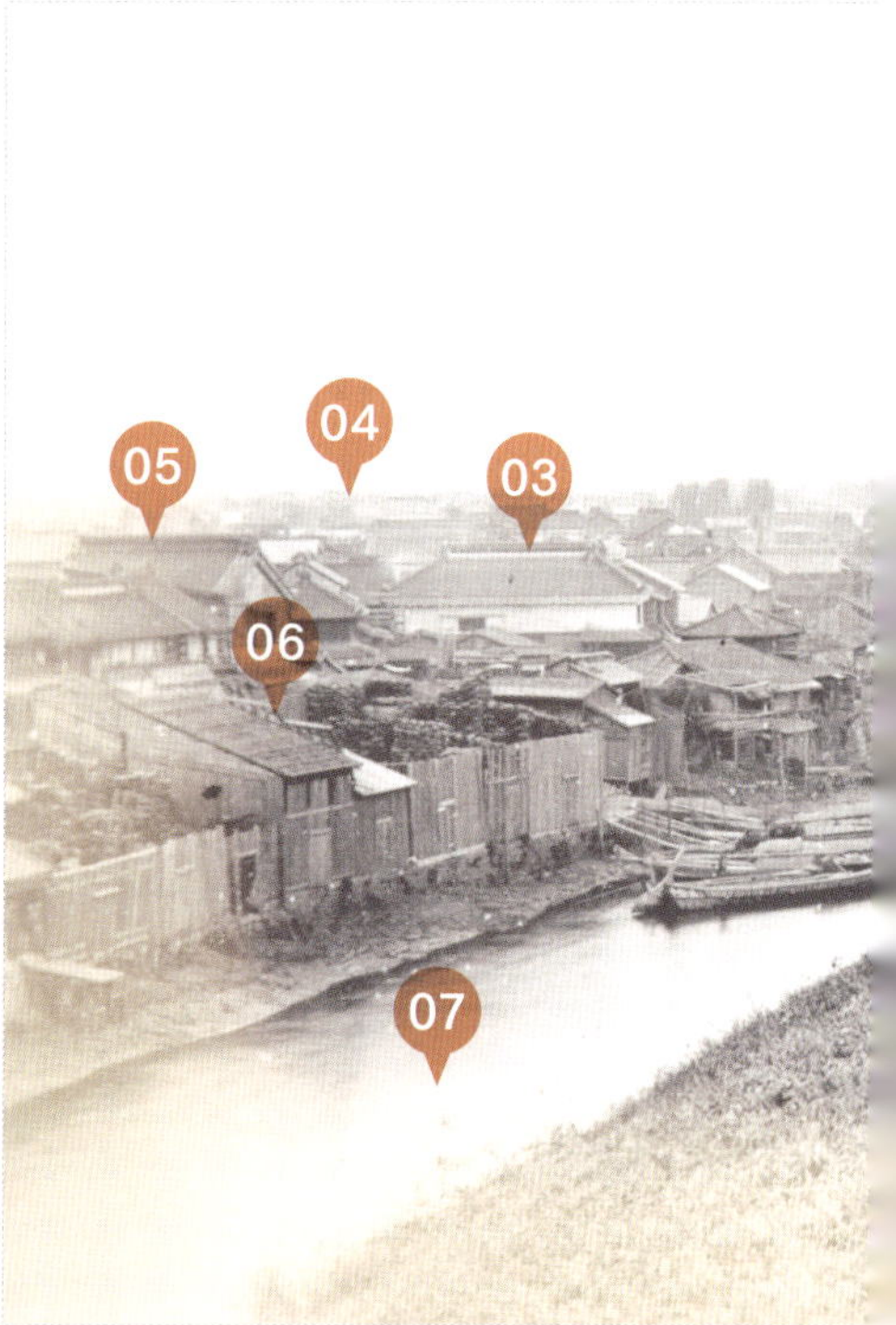

秋葉原の昔は

画面中央は神田川に架かる江戸期以来の木造橋の昌平《しょうへい》橋 02。土手の上に立つ男の頭上には、筋違橋《すじかいばし》*1 01 の一部も写っている。川の左手奥は現在の秋葉原地区だ。

筋違橋は神田川沿いの城門・筋違門の外側に架かっていた。明治5年（1872）に同門は撤去、翌6年には昌平橋、筋違橋ともに廃止され、その中間に新たに石造の万世《よろずよ》橋（現在の万世《まんせい》橋とは別）が架けられた。すなわちこの写真は、昌平橋、筋違橋が撤去される前の江戸以来の風景の記録となっている。

昌平橋の北詰を拡大すると、床店《とこみせ》*2らしき建物があり、その前に人が集まっている（■1）。橋より手前左手（北西側）は湯島横町《ゆしまよこちょう》*3という町。その神田川沿いの河岸地《かしち》*4は物揚場《ものあげば》だった。

文政10年（1827）の「町方書上」によれば、この物揚場は真木屋（薪《まき》屋）や材木屋が使用しており、主に薪が保管されたため、「真木（薪）河岸」と呼ばれていた。河岸に積まれているものをよく見ると、たしかに薪のようだ（■2）。盗難防止のためであろう、物揚場は板塀で囲われており、屋根つきの小屋状になっているところもある。

言うまでもなく薪は燃料として、木材は建築や諸道具の材料として、巨大都市江戸において大量に消費された。周辺の町並みには塗屋造《ぬりやづくり》*5の町屋や土蔵が見え、富裕な薪屋や材木屋が店を構えていたことがうかがえる。

*1 **筋違橋《すじかいばし》** 江戸城北東の城門・筋違門（すじかいもん）外側で神田川に架かっていた橋。

*2 **床店《とこみせ》** p.132 *3参照。

*3 **湯島横町《ゆしまよこちょう》** 現・千代田区外神田二丁目。

*4 **河岸地《かしち》** p.160 *3参照。

*5 **塗屋造《ぬりやづくり》** 外壁・柱を土や漆喰で厚く塗り込んだ家。防火建築。

■1 昌平橋北詰 p.210~211 02

■2 真木河岸 p.211 06

PHOTO
写真 01
写真 02
写真 03
写真 04
写真 05
写真 06
写真 07
写真 08
写真 09
写真 10
写真 11
写真 12
写真 13
写真 14
写真 15
写真 16
写真 17
写真 18
写真 19
写真 20

AREA
I 愛宕山
II 江戸城
III 霞ヶ関
IV 永田町
V 日本橋
VI 築地
VII 赤坂
VIII 御茶ノ水
IX 羅漢寺

IX 羅漢寺

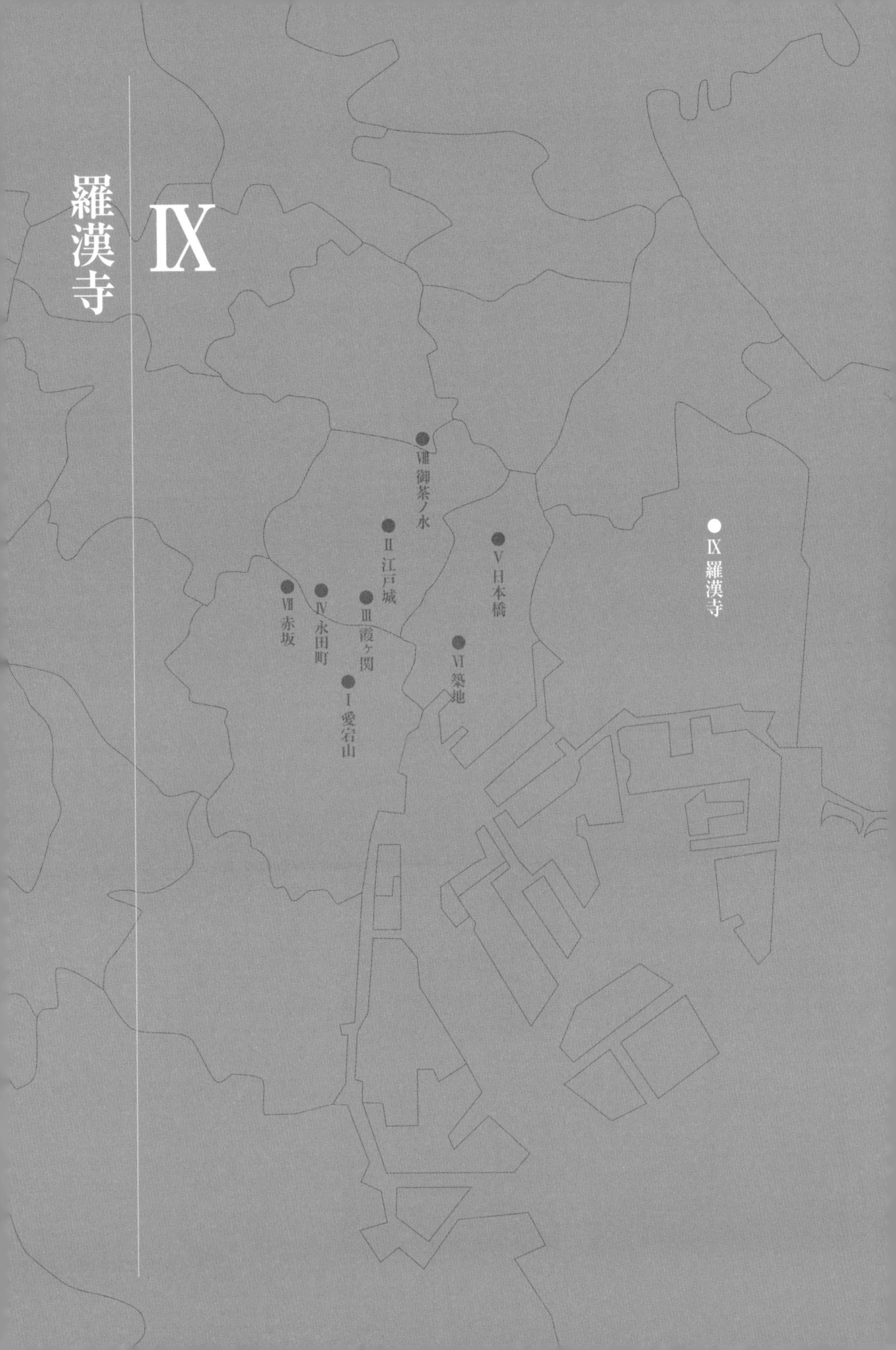

PHOTO

AREA

IX 羅漢寺

写真 19

写真 20

江戸↔現代

羅漢寺《らかんじ》の所在地は江戸東郊の亀戸村《かめいど》（現・江東区大島）、周囲に田んぼの広がるのどかな農村地帯であった。五百羅漢像をおさめた羅漢堂とともに、独特の構造から「さざえ堂」と呼ばれた三匝堂《さんそうどう》で知られ、江戸期には多くの参詣客を集めていた。だが、幕末の安政江戸地震（1855年）で被災し、荒廃。明治期に本所緑町を経て現在地の目黒に移転した。跡地は都営新宿線西大島駅直上の明治通りの東側で、東西に走る新大橋通りが旧境内地を分断している。

写真19「羅漢寺《らかんじ》三匝堂《さんそうどう》」 三匝堂（中央）と本堂（奥）を南側から写している。撮影地点は新大橋通りの南側、現在、西大島総合区民センターが建つあたりであろう。現状写真は同センターから、かつて三匝堂や本堂が建っていた北側を俯瞰で撮影した。跡地に建つ同名の寺（現状写真中央）は、当寺とはまったく別の寺院。

写真20「羅漢寺本堂」 写真19の奥に写る本堂を近くから撮影。この写真では建物ではなく、屋根上に写る物体に注目したい。本堂の跡地は、現・新大橋通り北側の建物が建て込んでいる場所と推定される。

写真19

写真20

写真19（現状）

写真20（現状）

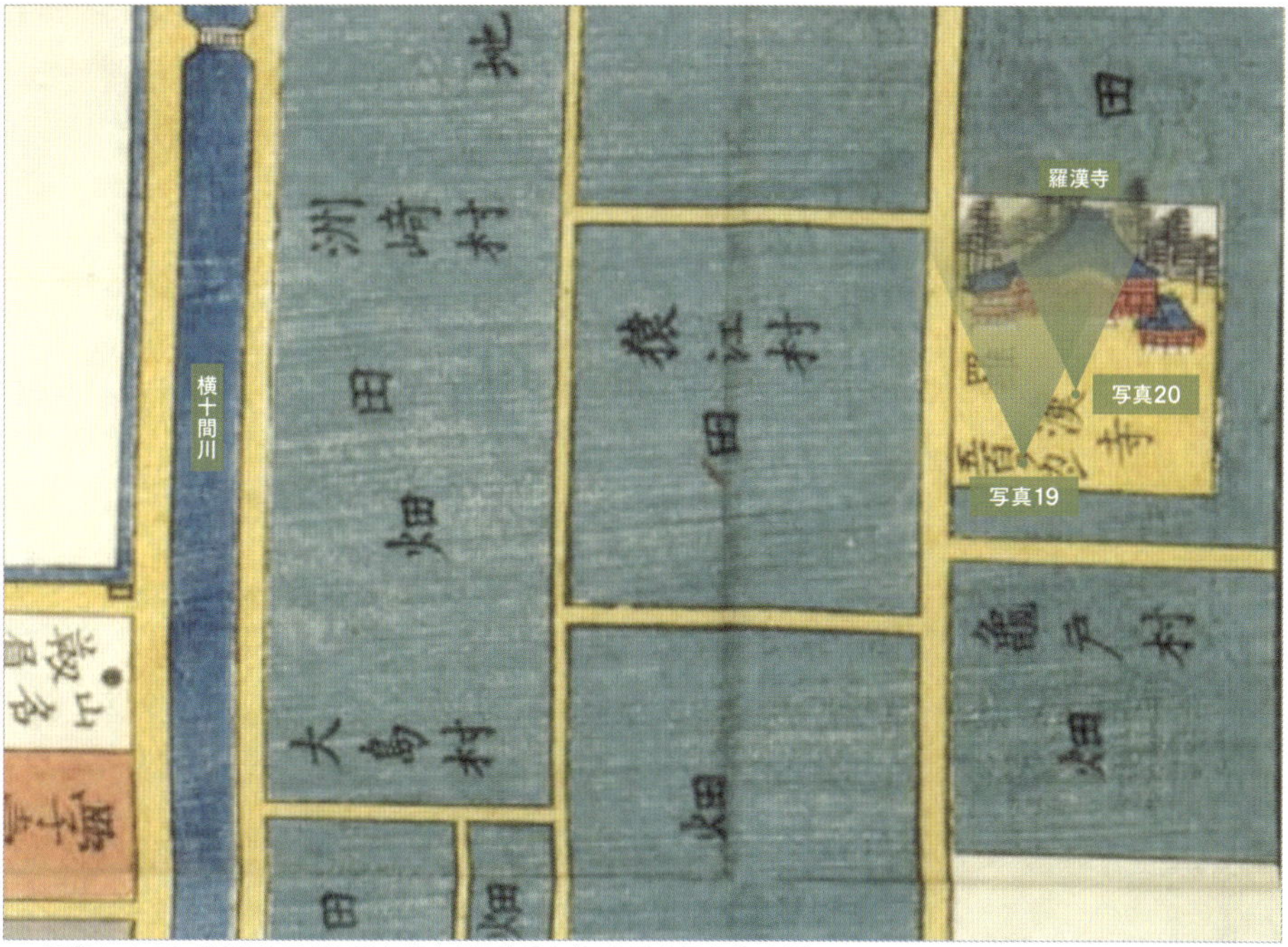

IX　羅漢寺　江戸　「深川絵図」（尾張屋板切絵図）部分（国立国会図書館所蔵）

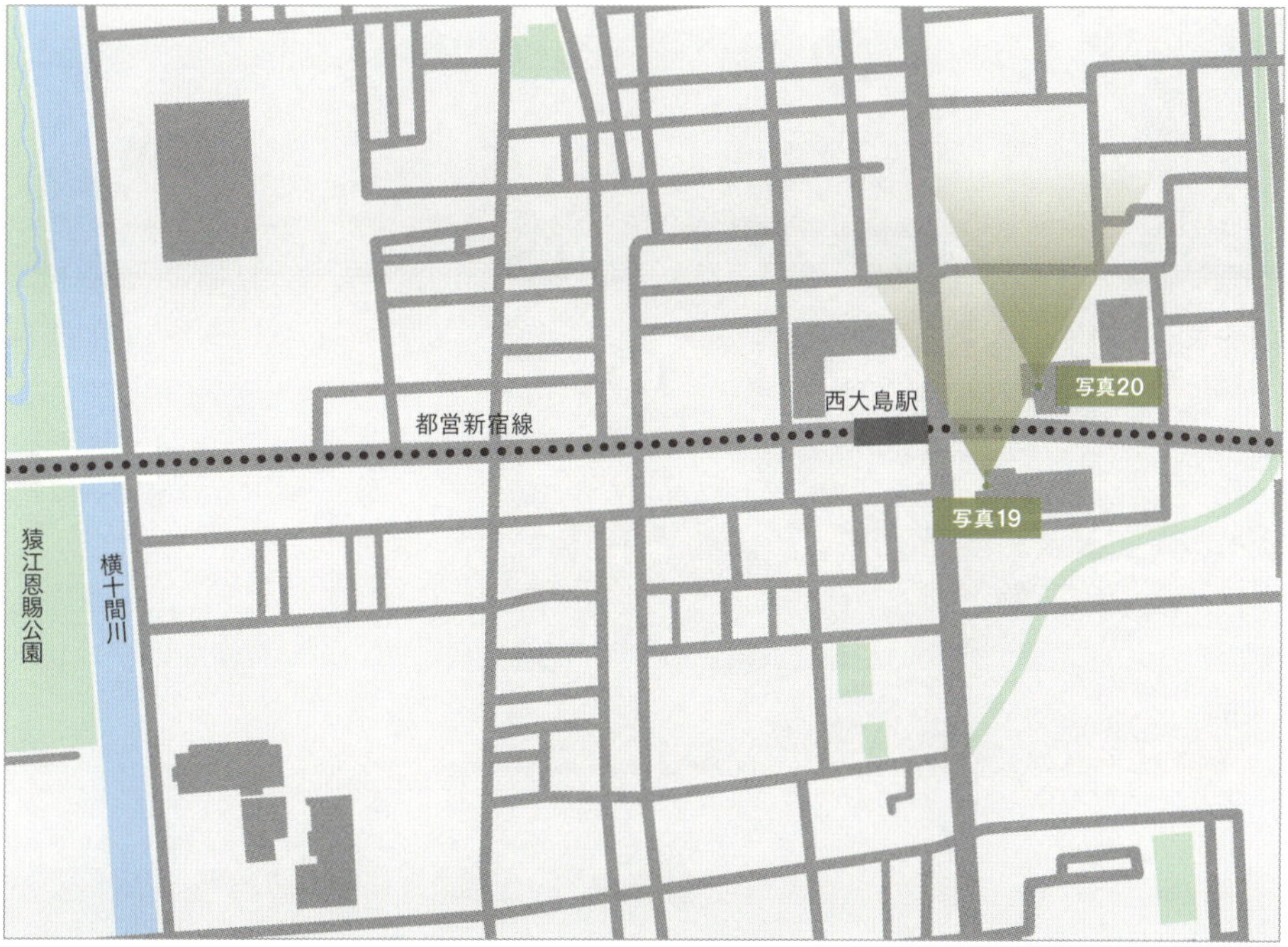

IX　羅漢寺　現代

水屋の屋根(右)

01 天王殿跡(中央)

「羅漢寺三匝堂」

撮影年代　明治初期

写真を読み解く

08 香炉

04 火灯窓

03 本堂

09 山門(左)

05 錣葺

10 蓋つきの箱

06 三匝堂(中央)

07 石碑(?)

江戸のさざえ堂

「さざえ堂」といえば、現在は会津若松市の旧正宗寺三匝堂《さんそうどう》*1が有名だ。内部に二重螺旋のスロープをもつ建物は日本建築史上、ほかに類例がなく、見る者を驚かせる。だが、江戸にも「さざえ堂」があったという事実は案外知られていない。建物があったのは、江戸東郊・亀戸村（現・江東区大島）の羅漢寺《らかんじ》（五百羅漢寺、現在は目黒区下目黒に移転）。禅宗のひとつ、黄檗宗《おうばくしゅう》*2の寺院である。

もっとも、形式は会津のものとは異なり、内部が3層（3階）に分かれていた。正式名称は同じく三匝堂だったが、右まわりの一方通行の巡拝路がめぐる堂内が巻貝を思わせるため、俗に「さざえ堂」と呼ばれた。

同寺の6000坪の広大な境内には、本堂、さざえ堂のほか、その名の由来である500体の羅漢像（五百羅漢）をおさめた東西の羅漢堂などの堂舎が建ち並んでおり、市街の東のはずれにありながら、江戸屈指の名所寺院として多くの参拝客を集めていた。

さざえ堂の幕末維新

羅漢寺の三匝堂は、西国（33か所）・坂東（33か所）・秩父（34か所）の計100体の札所《ふだしょ》*3の観音像を安置する百体観音堂の一種であった。内部は下匝＝秩父、中匝＝坂東、下匝＝西国の3層に分かれており、参詣客は下匝から

*1 **旧正宗寺三匝堂《さんそうどう》** 会津若松市に所在。内部に二重螺旋のスロープをめぐらせた六角円堂。寛政8年（1796）建立。国指定重要文化財。

*2 **黄檗宗《おうばくしゅう》** 日本三禅宗のひとつ。承応3年（1654）に来日した明僧・隠元（いんげん）が開祖。京都府宇治市の万福寺を本山とする。

*3 **札所《ふだしょ》** 巡礼者が参拝のしるしとして札を納めたり、受け取ったりする所。三十三観音霊場、八十八か所の

弘法大師の霊場など。

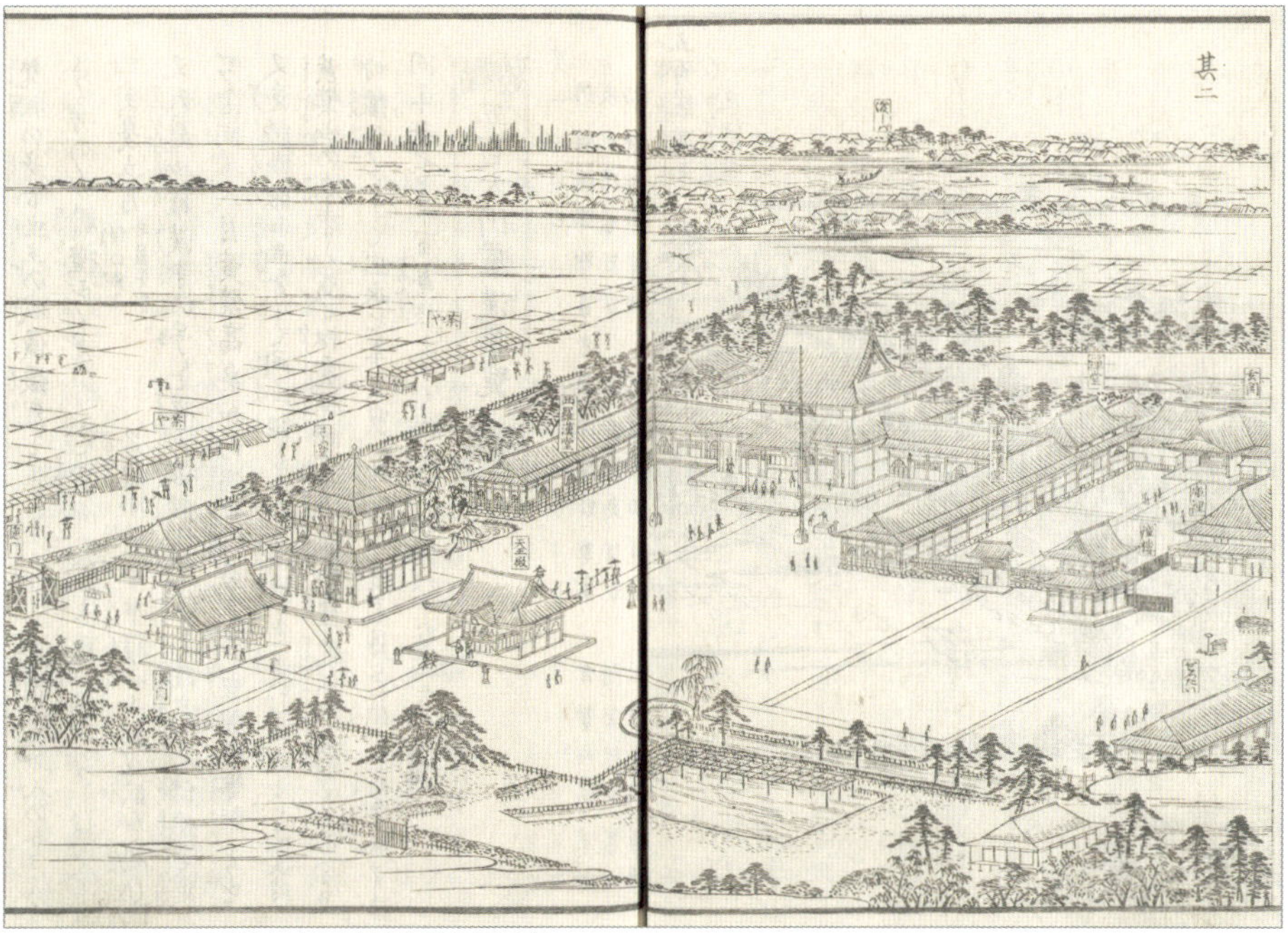

■1 羅漢寺 『江戸名所図会』(国立国会図書館所蔵)

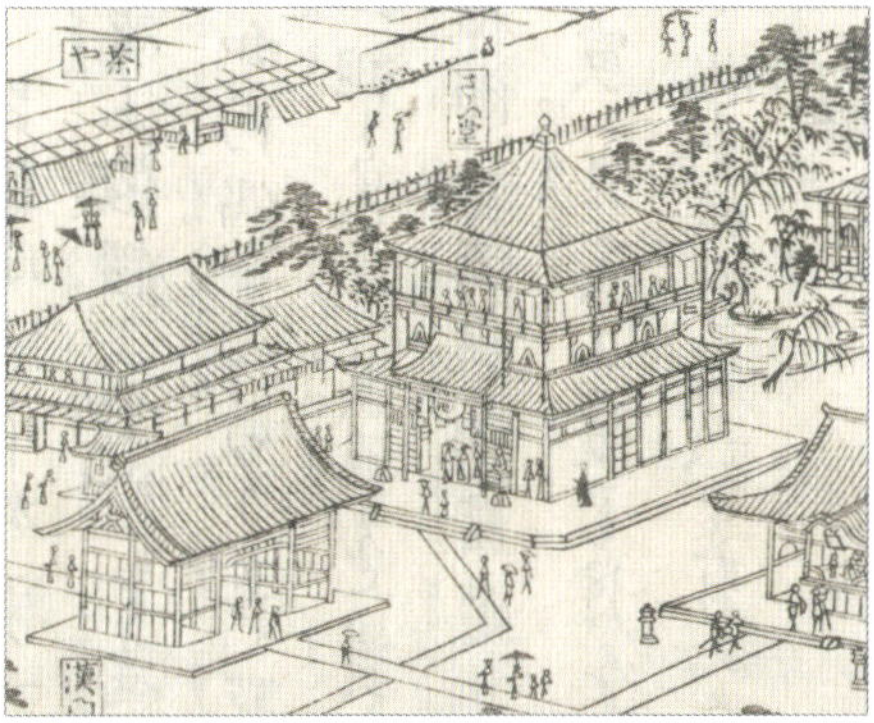

■2 羅漢寺三匝堂(さざえ堂)p.218~219 06
山門(左下)p.218~219 09 『江戸名所図会』

■3 羅漢寺本堂 p.218~219 03、p.230~231 05
『江戸名所図会』

＊4 安政江戸地震（安政の大地震）
p.076 ＊8参照。

＊5 エーメ・アンベール
1819〜1900。スイス使節団長として文久3年（1863）来日。翌4年帰国。著書に『日本図絵』（邦題『アンベール 幕末日本図絵』）がある。

＊6 高村光雲《たかむらこううん》
1852〜1934。彫刻家。代表作に「老猿」、西郷隆盛像。

順に上匝まで、巡路の片側に並んだ100体の観音像を巡拝していく。スロープで上層へと登り、3層目（上匝）に達したあとは階段で一気に下るようになっていた（小林文次「羅漢寺三匝堂考」）。

安永9年（1780）に完成した三匝堂は、建築の奇抜さと、最上層の縁側からの眺望によって、たちまち江戸市民の人気を博することとなった。500体の羅漢像が並ぶ羅漢堂とこの三匝堂の存在が、観光名所としての羅漢寺の地位を確たるものにしていたのである。

かくして江戸後期に最盛期を迎えた羅漢寺であったが、安政2年（1855）10月2日の安政江戸地震＊4によって大きな被害を受ける。本堂両側の東西の羅漢堂、天王殿などが倒壊し、多くの堂舎を失うこととなった。そうしたなか、三匝堂は「大破」したものの、幸にして倒壊を免れた。

幕末の江戸を訪れたスイス人アンベール＊5は、地震後の羅漢寺の様子について次のように記している。

「一度地震があって、この神聖な群像（引用者注：羅漢像）の配列がすっかり混乱してしまった。もっとも、破損したものは付近の納屋に収容され、荒廃した寺はまだ修理されておらず、参詣する人もいない」（『アンベール 幕末日本図絵』）。

再建・修理がままならず荒廃した境内にその姿をとどめていた三匝堂も、維新期の混乱のなか、ついに取り壊しの憂き目にあう。その解体時期は詳らかにならないが、地金《じがね》屋に売られた観音像の一部を買い戻したという彫刻家・高村光雲《たかむらこううん》＊6の回想録『幕末維新懐古談』によれば、明治7、8年頃と推測される（「羅漢寺三匝堂考」）。その後の明治10年（1877）の境内図（「妙満寺八品・興門本成寺・黄檗・時宗明細簿」所収）には、三匝堂は描かれていない。

写真19は解体前の三匝堂の姿をとらえたもの。横浜開港資料館が所蔵する『JAPAN』と題された古いアルバムのうちの一枚で、「The 500 Images Temple or Gohiaku Rakanji at Honjo near Tokio」という鉛筆書きのキャプションが付されている。アルバムには日本各地の風景と建築、計50枚の写真が収められており、撮影時期はいずれも明治初期と推定される。

画面左が山門09、正面に三匝堂06、右手奥は本堂03である。本来、本堂の前には天王殿、左右には袖堂でつながった東西の羅漢堂が建っていたが、撮影時には失われていた。

なお、群馬県太田市の曹源寺《そうげんじ》には同様の江戸期の「さざえ堂」(三匝堂、百体観音堂)が現存している(p.227 ■3)。こちらは羅漢寺よりやや遅い寛政10年(1798)の建立。同じく内部は3層に分かれており、正面の破風《はふ》の形式が異なるものの、外観も羅漢寺の建物とよく似ている。

角度を振った建物

旧幕府引継書(国立国会図書館所蔵)の「諸宗作事図帳」には、天保13年(1842)(推定)、天保14年8月、文久3年(1863)年3月(2点)作成の計4点の羅漢寺の建築配置図が収録されている。このうち文久3年の建築配置図(p.225 ■1)を示したが、同図は安政江戸地震(安政2、1855年)から8年後のものであり、被災後の建物の状況が記録されている。

図に記された説明文によれば当時、東西の羅漢堂、腕木門《うできもん》、方丈《ほうじょう》などは、「作事普請中《さくじふしん》」だった。しかし、写真から明らかなように、維新後も本堂両側の東西羅漢堂は存在せず、両建物は実際には再建されなかった。また、解体・部材保管を意味する「畳置《たたみおき》」とされているのが、天王殿、御成《おなり》門、摂待《せったい》所、鐘楼《しょうろう》などである。このうち、天王殿は写真に建物跡01が写っており、こちらも再建されることなく明治を迎えたことが判明する。

一方、文久3年(1863)当時、境内に建っていたのは、三匝堂のほか本堂、山門、惣門《そうもん》、庫裏《くり》、茶ノ間、三代堂などだった。

227頁の■2は、建築配置図（■1）における三匝堂の表記を読み取ったもの。この図は、梁間《はりま》*7を3間《げん》（約5・5メートル）以下に定めた江戸期の建築規制に図面のうえで合致させるという、「諸宗作事図帳」に特有の表記法がとられており、お堂の平面規模が「梁間《はりま》」「桁行《けたゆき》*8」「錣《しころ》*9」「庇《ひさし》」によって示されている。これによれば、三匝堂の規模は、上層の母屋《もや》*10の平面が7間（約12・7メートル）四方、下層の平面が9間半（約17・2メートル）四方だった。

ところで、先に見た建築配置図（■1）に、通常ではありえない奇妙な表現があることにお気づきだろうか。それは三匝堂の建物だけ「斜め」に描かれている点だ。実際に図面のとおりならば、他のお堂のタテ・ヨコの軸線に対して、三匝堂だけ角度を振って建てられていたことになる。しかし、そんなお堂の配置は図面でも現実のお寺でも、いまだかつて見たことがない。最初は何かの間違いかと思ったが（たとえば、三匝堂の平面が貼紙で、剥がれたあと誤って斜めに貼りつけた）、この疑問は写真の分析によって氷解することとなる。

富士山に向かって

では、写真を詳しく見てみよう。ここに写された三匝堂06の建築には、次のような特徴・状況が認められる。

上層の屋根は宝形《ほうぎょう》*11の錣葺《しころ》05で、二階＝中匝部分には火灯窓《かとうまど》*12 04が付いているが、これらは『江戸名所図会』（p.221■2）などの絵画の描写と符合する。

*7 **梁間《はりま》** 建物の梁または奥行方向の長さ。

*8 **桁行《けたゆき》** 建物の桁または間口方向の長さ。

*9 **錣《しころ》** 錣葺（しころぶき）における下方の屋根のこと。錣葺とは斜面の途中に段差の付いた屋根の葺き方。兜（かぶと）の錣のようなのでこの名が付いた。

*10 **母屋《もや》** 建物の庇を除いた本体の部分。

*11 **宝形《ほうぎょう》** 屋根形式のひとつ。隅棟がすべて屋根の頂点に集

まるもの。

＊12 火灯窓《かとうまど》 上部が尖頭アーチ状の窓。花頭窓。

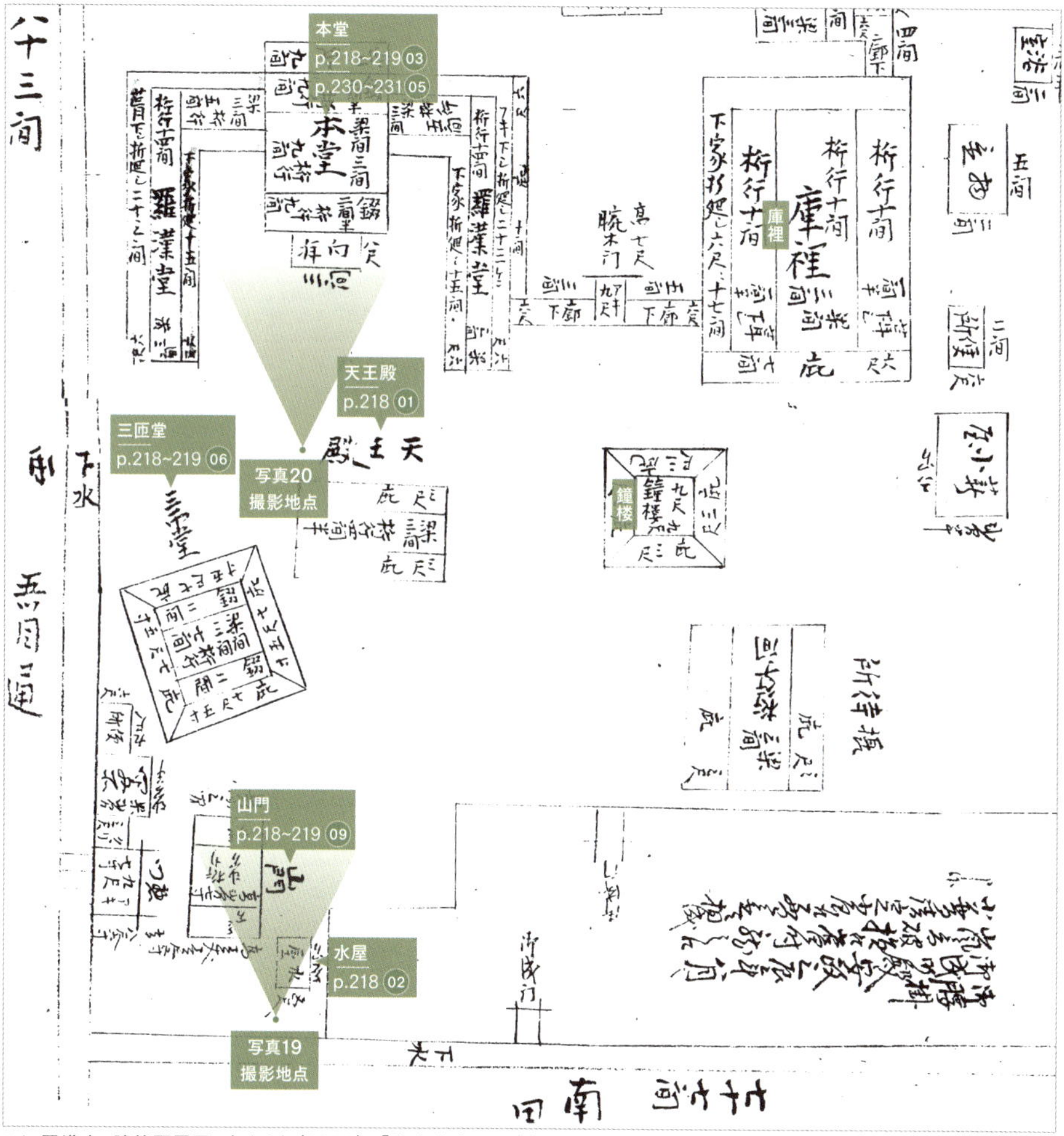

■1 羅漢寺 建築配置図 文久3年(1863)「諸宗作事図帳」(国立国会図書館所蔵)

＊13 向拝《こうはい》 p.170 ＊4参照。

だが、安政地震を経た建物には多くの破損個所が目につく。まず、上層左右の縁側の高欄《こうらん》（手すり）が破損しており、本来正面にもあったはずの縁側が失われているが、これは「一等上の縁側が安政の地震でこわれて其まゝになって居たのを覚えて居る」（『今昔対照江戸百景』）という、大正期に語られた古老の記憶と一致する。また、下層の庇と向拝《こうはい》＊13の屋根瓦の一部が欠落しており、庇の隅には補強のための斜材が見える。壁面の各所には板が打ち付けられ、上層正面の扉は窓の格子が外れている。

正面向拝の下に写っている香炉《こうろ》08は、今日まで五百羅漢寺に伝存している。また、その隣に火灯《かとう》型の石碑07のようなものが写っており、写真原本にあたると（複写画像では判読不能）、表面に刻まれた「奉献　神田今川橋　山口屋清八郎」という文字が読み取れる。神田今川橋（現・JR神田駅東側）の商人の奉納物だが、山口屋については未詳である。画面左端、山門の足元に置かれた蓋の開いた箱10は、写真機材のケースだろうか。

さて、問題の三匝堂の配置について検討してみよう。写真を一見しただけでは異常な点はないようだが、建物の向きに注意すると、じつは奇妙な建物配置であることに気づく。

写真は三匝堂のほぼ正面から撮影されているが、２１８〜２１９頁に示したように、画面の上で「三匝堂の軸線」と「山門の軸線」は交差する。一方この山門は建築配置図（p.225 ■1）のように、奥の本堂に対して平行に建っているはずだ。

すなわち、現実に三匝堂は、境内全体の軸線に対して、斜めに角度を振って建てられていたのである。もし山門と平行ならば、建物は山門同様、右側面が見えるようにもっと左を向いていなければならない。「諸宗作

■1　羅漢寺（五百羅漢）『絵本あつま鏡』（国立国会図書館所蔵）

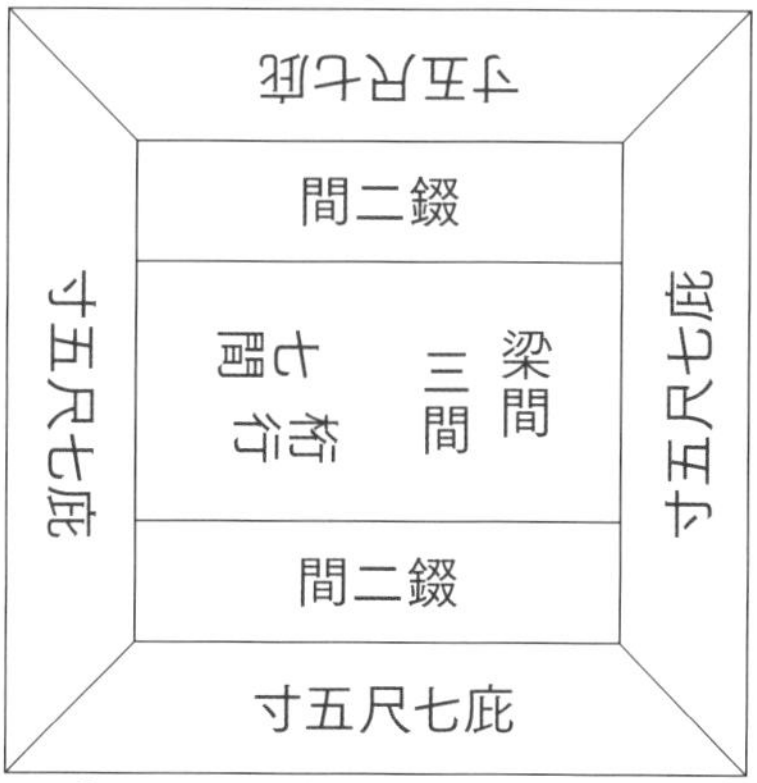

■2「諸宗作事図帳」の三匝堂の表記（トレース）

■3　曹源寺さざえ堂（撮影：大木崇人氏）

＊14 **葛飾北斎《かつしかほくさい》**
1760～1849。
江戸後期の浮世絵師。

＊15 **『富嶽三十六景《ふがくさんじゅうろっけい》』**
全46枚。なかでも「神奈川沖浪裏」はとくに有名。

事図帳」の建築配置図（p.225 ■1）の表現は正しかったのである。

なお、『江戸名所図会』（p.221 ■1）は、三匝堂と他の堂舎を平行に描いており、建築が比較的正確に描かれているとされる同図会の描写も、この点では不正確と言わざるを得ない。絵画史料の限界といえよう。ただし、『絵本あつま鏡』（p.227 ■1）の絵には現実のとおり、三匝堂だけが異なる向きで描かれている。

では、なぜこうした通常ではありえない配置で三匝堂が建てられたのだろうか。現段階では、文献による裏付けのない推測ではあるが、これは同建物の特長のひとつであった上層からの眺望に関係しているのではないかと思う。切絵図と現代地図（p.217）でわかるように、羅漢寺境内における他の建物の軸線は南北軸にほぼ等しい。それに対して角度を振っているということは、江戸から見て西南西の方角に位置する富士山に対して、正対する向きに三匝堂を配置した可能性が高いのではないだろうか。

葛飾北斎《かつしかほくさい》[＊14]の代表作『富嶽三十六景《ふがくさんじゅうろっけい》』[＊15]の一枚に「五百らかん寺さざゐどう」（■1）がある。そうであれば、北斎が描いたように、三匝堂上層の西側（写真では左側）からは実際、真正面に（西南西に振られた建物の軸線上に）富士山を望むことができたはずである。

■1　葛飾北斎『富嶽三十六景』より「五百らかん寺さざゐどう」（江戸東京博物館所蔵、Image：東京都歴史文化財団イメージアーカイブ）

「羅漢寺本堂」

『ファー・イースト』1872年7月16日（明治5年6月11日）号掲載

01 東羅漢堂（袖堂）跡（中央）

04 コウノトリの巣（？）

03 刹竿石（中央）

02 刹竿（せっかん）（右

05 本堂

06 西羅漢堂（袖堂）跡（中央）

07 灯籠

江戸のコウノトリ

羅漢寺の本堂の写真。刹竿《せっかん》[*1] 02 が残っていることなどから、写真19より早い時期の撮影とみられる。

屋根の上、大棟《おおむね》[*2]の右端にある物体（写真19にはない）は、画像を拡大すると木の枝を集めた鳥の巣のように見えるが、結論的にいうと、これはコウノトリの巣[*3] 04 ではないだろうか（■1）。文人大名・松浦静山《まつらせいざん》[*4]の『甲子夜話《かっしやわ》』[*5]によれば、羅漢寺の「堂背の瓦上」には長年コウノトリが巣をつくっていたという（文政5年［1822］の記述）。また、博物学者・松森胤保《まつもりたねやす》[*6]も慶応元年（1865）3月、羅漢寺でコウノトリを目撃している。翼を広げると2メートルにもなるコウノトリは、巣の直径も同じく2メートルほどというが、画面の人物と比べるとその程度の大きさはあるようだ。『甲子夜話』には、羅漢寺の巣はたたみ二畳敷（1・8メートル四方）の大きさだったという記述もある。

実はよく見ると前掲の「あつま鏡」（■2、p.227 ■1）、『江戸名所図会』（■3、p.221 ■3）にも、本堂の屋根上にコウノトリとその巣が描かれており、羅漢寺に同鳥がいることは広く知られた事実だったらしい。

今では考えられないことだが、江戸の周縁部では現在国の特別天然記念物になっているコウノトリが普通に見られたという。周囲に水田の広がる羅漢寺は、小魚やカエルを捕食する大型の鳥には格好の住みかだったのだろう。江戸ではほかに蔵前の西福寺[*7]、青山の新長谷寺[*8]（以上『甲子夜話』による）、浅草寺[*9]（本堂の庇）（松森による）にも巣をつくっていたことが知られる。だが、人びとに親しまれたコウノトリも、明治20年頃までには、東京から姿を消してしまったという（飯島魁「鳥雑記（二）」）。

＊1 **刹竿《せっかん》**
仏寺の堂塔・門前に立てる幡（はた）の竿。

＊2 **大棟《おおむね》**
屋根の上の棟。

＊3 **コウノトリ**
全長110センチメートル、翼開張2メートルの大型の鳥。日本ではかつて各所で繁殖していたが、明治以降激減。国の特別天然記念物。

＊4 **松浦静山《まつらせいざん》**
1760〜1841。平戸藩9代藩主。名は清。諸芸をたしなみ、編著書多数。

＊5 **『甲子夜話《かっしやわ》』**
随筆。松浦静山の代表的著作。書名は文政4年（1821）11月17日甲子の夜に起稿したのにちなむ。

＊6 **松森胤保《まつもりたねやす》**
1825〜1892。博物学者。幕末の出羽松山藩家老。松森が羅漢寺を訪れた時、コウノトリの巣はさざえ堂の屋根にあったという。

＊7 **西福寺**
浄土宗寺院。現・台東区蔵前四丁目に所在。

＊8 **青山の新長谷寺**
現・港区西麻布二丁目所在の長谷寺（曹洞宗）のことか。

＊9 **浅草寺**
江戸期は天台宗寺院。江戸屈指の大寺院で、多くの参詣者を集めていた。

■1 コウノトリの巣（？） p.230~231 04

■2 コウノトリと巣 『絵本あつま鏡』（p.227 ■1、部分）

■3 コウノトリと巣 『江戸名所図会』（p.221 ■3、部分）

写真データ・所蔵一覧

	原タイトル	撮影者・掲載号など
写真01	愛宕山から見た江戸のパノラマ	フェリーチェ・ベアト撮影（オリジナル画像サイズ 213×1502mm）
写真02	THE CEMETERY IN REAR OF ATAGO YAMA, YEDO	『ファー・イースト』1871年6月16日（明治4年4月29日）号
写真03	WATCH TOWER, YEDO CASTLE, DESTROYED THIS WEEK.	『ファー・イースト』1873年（明治6年）5月17日号
写真04	THE MIKADO'S DWELLING	『ファー・イースト』1873年（明治6年）3月4日号
写真05	THE GAIMUSHO—FOREIGN OFFICE, TOKIO	『ファー・イースト』1873年（明治6年）1月16日号
写真06	THE FOREIGN OFFICE—YEDO	『ファー・イースト』1872年9月16日（明治5年8月14日）号
写真07	ON THE NAKASENDO	『ファー・イースト』1873年（明治6年）2月4日号
写真08	OLD STREET IN YEDO	『ファー・イースト』1874年（明治7年）1月1日号
写真09	NIPHON BASHI, YEDO	『ファー・イースト』1872年4月16日（明治5年3月9日）号
写真10	ANJIN CHO—YEDO	『ファー・イースト』1872年6月17日（明治5年5月12日）号
写真11	YEDO BASHI	『ファー・イースト』1872年5月16日（明治5年4月10日）号
写真12	THE NISHI MONZEKI TEMPLE, YEDO, burnt 3rd April, 1872.	『ファー・イースト』1872年4月16日（明治5年3月9日）号
写真13	YEDO	手札判
写真14	STREET FROM AKASAKA GOMORY	『ファー・イースト』1872年9月16日（明治5年8月14日）号
写真15	VIEW FROM AWOYAMA ROAD	『ファー・イースト』1873年（明治6年）12月1日号
写真16	STOTS'BASHI YASHIKI—ON THE KANDAGAWA	『ファー・イースト』1873年（明治6年）2月4日号
写真17	VIEW ON THE KANDAGAWA, (RIVER KANDA)	『ファー・イースト』1872年10月1日（明治5年8月29日）号
写真18	FROM THE RAMPARTS, OSHIRO, YEDO	『ファー・イースト』1872年8月16日（明治5年7月13日）号
写真19	The 500 Images Temple or Gohiaku Rakanji at Honjo near Tokio	アルバム『JAPAN』
写真20	TEMPLE OF FIVE HUNDRED GODS AT YEDO	『ファー・イースト』1872年7月16日（明治5年6月11日）号

○所蔵　写真01：東京都写真美術館（Image：東京都歴史文化財団イメージアーカイブ）
写真02〜20、カバー・帯（写真10）：横浜開港資料館

*明治5年以前の発行日については旧暦を併記した。

史料・参考文献

＊史料（刊本を含む）・書籍・論文の順に示した。

全体・複数の章に関わるもの

■「町方書上」、「寺社書上」、「諸宗作事図帳」、「屋敷渡預絵図証文」、「御府内往還其外沿革図書」、「江戸絵図」1号〜9号、『江戸名所図会』、尾張屋板切絵図各図（以上、国立国会図書館所蔵）

■「諸向地面取調書」（国立公文書館所蔵）

■『東京市史稿』市街篇各巻

■『東京市史稿』変災篇5（東京市役所、1917年）

■『THE FAR EAST（復刻版）』1〜7（雄松堂、1965年）

■斎藤月岑『増訂武江年表』1・2（平凡社、1968年）

■『アンベール 幕末日本図絵』上・下（雄松堂、1969・1970年）

■『江戸城下変遷絵図集成 御府内沿革図書』1〜20（原書房、1985〜1987年）

■喜多川守貞『近世風俗志（守貞謾稿）』1（岩波文庫、1996年）

■『御府内備考』1〜6（雄山閣、2000年）

■永井荷風『断腸亭日乗』1（岩波書店、2001年）

■『紀州藩士酒井伴四郎関係文書』（清文堂出版、2014年）

■ロラン・バルト『明るい部屋 写真についての覚書』（みすず書房、1985年）

■『幕末・明治の東京 横山松三郎を中心に』（東京都写真美術館、1991年）

■玉井哲雄編『よみがえる明治の東京 東京十五区写真集』（角川書店、1992年）

■芳賀徹・岡部昌幸『写真で見る江戸東京』（新潮社、1992年）

■小川恭一『寛政譜以降旗本家百科事典』1〜6（東洋書林、1997・1998年）

■『幕末日本の風景と人びと F.ベアト写真集1』（明石書店、2006年）

■『外国人カメラマンが撮った幕末日本 F.ベアト写真集2』（明石書店、2006年）

■横浜都市発展記念館・横浜開港資料館編『文明開化期の横浜・東京 古写真でみる風景』（有隣堂、2007年）

■『風景の記録 写真資料を考える』（国立歴史民俗博物館、2011年）

■青木直己『幕末単身赴任 下級武士の食日記 増補版』（ちくま文庫、2016年）

■東京都写真美術館編『知られざる日本写真開拓史』（山川出版社、2017年）

■金行信輔・青木祐介・角田真弓「江戸の建築・都市景観と写真史料 『THE FAR EAST』掲載写真より」（『建築史学』35、2000年）

■金行信輔「描かれた大名屋敷」（『加賀殿再訪 東京大学本郷キャンパスの遺跡』東京大学出版会、2000年）

■青木祐介「史料としての『ファー・イースト』貼付写真」（『文明開化期の横浜・東京 古写真でみる風景』有隣堂、2007年）

■金行信輔「近世都市江戸の崩壊と写真史料」（『日本建築学会中国支部研究報告集』30、2007年）

■金行信輔「写真のなかの江戸 『ファー・イースト』掲載写真について」（『外国人カメラマンの見た幕末日本Ⅱ』山川出版社、2014年）

I 愛宕山

■「真田家文書」（国文学研究資料館所蔵）

■「松山叢談」（『予陽叢書』6、1936年）

■アーネスト・サトウ『一外交官の見た明治維新』上・下（岩波文庫、1960年）

■『東京名所図会 芝区之部』（睦書房、1969年）

■内藤鳴雪『鳴雪自叙伝』（岩波文庫、2002年）

■『リヒトホーフェン日本滞在記 ドイツ人地理学者の観た幕末明治』（九州大学出版会、2013年）

■『芝区誌』（東京市芝区役所、1938年）

■磯ヶ谷紫江『大東京名家墳墓考』（後苑荘、1943年）

■『鶴岡市史』上（鶴岡市役所、1962年）

■『参勤交代 巨大都市江戸のなりたち』（東京都江戸東京博物館、1997年）

■浅川道夫『お台場 品川台場の設計・構造・機能』（錦正社、2009年）

■『お殿様、お姫様の江戸暮し』（長野市教育委員会、2009年）

■『松代新御殿（真田邸）』（長野市教育委員会、2010年）
■『愛宕山　江戸から東京へ』（港区立港郷土資料館、2011年）
■『品川御台場　幕末期江戸湾防備の拠点』（品川区立品川歴史館、2011年）
■品川区立品川歴史館編『江戸湾防備と品川御台場』（岩田書院、2014年）
■金行信輔「寺院境内　社会関係と空間の諸相」（『江戸の広場』東京大学出版会、2005年）
■金行信輔「天徳寺境内の写真史料」（『江戸の広場』東京大学出版会、2005年）
■金行信輔「幕末の大名屋敷と移築」（科学研究費補助金研究成果報告書『建築の移築に関する研究』、2005年）
■金行信輔「大名屋敷の御三階について」（『日本建築学会中国支部研究報告集』29、2006年）
■青山宏夫「F．ベアトの江戸パノラマ写真はいつ撮影されたのか」（『風景の記録　写真資料を考える』国立歴史民俗博物館、2011年）
■岩淵令治「新興武家地の誕生　幕末期の佐倉藩江戸詰藩士の移住をめぐって」（『佐倉市史研究』24、2011年）
■岸本覚「安政・文久期の政治改革と諸藩」（『講座明治維新2　幕末政治と社会変動』有志舎、2011年）

Ⅱ 江戸城

■『東京市史稿』皇城篇3・4（東京市役所、1912・1916年）
■村井益男『江戸城　将軍家の生活』（中公新書、1964年）
■『日本名城集成　江戸城』（小学館、1986年）
■平井聖・伊東龍一『江戸城Ⅰ（城郭）』（至文堂、1992年）
■畑尚子『江戸奥女中物語』（講談社現代新書、2001年）
■畑尚子『幕末の大奥　天璋院と薩摩藩』（岩波新書、2007年）
■畑尚子「江戸城二丸御殿」（『東京都江戸東京博物館紀要』5、2015年）

Ⅲ 霞ヶ関

■『黒田家譜』6下（文献出版、1983年）
■『外務省沿革類従』（クレス出版、1997年）
■「道中日記」（『千代田区文化財年報』3、2015年）
■『外務省の百年』（原書房、1969年）

［コラム1］

■『坤山公第八十八年事蹟』（林保登、1932年）
■「浅野老侯のお話」（三田村玄龍『江戸百話』大日社、1939年）
■『尾張徳川家の幕末維新　徳川林政史研究所所蔵写真』（吉川弘文館、2014年）

Ⅳ 永田町

■『日枝神社史』（日枝神社御鎮座五百年奉賛会、1979年）
■『資料旧国宝建造物指定説明』（文化財建造物保存技術協会、1982年）
■『溜池遺跡』（総理府・都内遺跡調査会、1996年）
■『溜池遺跡』（東京都埋蔵文化財センター、2011年）
■『戦災等による焼失文化財　昭和・平成の文化財過去帳』（戎光祥出版、2017年）

Ⅴ 日本橋

■『東京繁華一覧』（国立国会図書館所蔵）
■『法令全書　明治五年』（内閣官報局、1889年）
■『日本橋魚市場ニ関スル調査』（東京市商工課、1922年）
■鷹見安二郎『日本橋』（東京市役所、1932年）
■魚河岸百年編纂委員会『魚河岸百年』（日刊食料新聞社、1968年）
■尾村幸三郎『日本橋魚河岸物語』（青蛙房、1984年）
■岡本信男・木戸憲成『日本橋魚市場の歴史』（水産社、1985年）
■石井謙治『和船Ⅱ』（法政大学出版局、1995年）
■「一筋の道　にんべん物語」（にんべん、1999年）
■吉田伸之『巨大城下町江戸の分節構造』（山川出版社、1999年）
■宮下章『鰹節』（法政大学出版局、2000年）
■『東京都江戸東京博物館調査報告書第16集　平成13年度シンポジウム報告　日本橋』（東京都江戸東京博物館、2003年）
■小澤弘・小林忠『活気にあふれた江戸の町『熙代勝覧』の日本橋』（小学館、2006年）

■『日本橋　描かれたランドマークの四〇〇年』（東京都江戸東京博物館、２０１２年）

［コラム２］

■三井圭司「フェリーチェ・ベアトの生涯」（『レンズが撮らえたF.ベアトの幕末』山川出版社、２０１２年）

■アルフレッド・モーザー『明治初期日本の原風景と謎の少年写真家　ミヒャエル・モーザーの「古写真アルバム」と世界旅行』（洋泉社、２０１６年）

Ⅵ　築地

■ブスケ『日本見聞記　フランス人の見た明治初年の日本』1（みすず書房、１９７７年）

■『大日本近世史料　市中取締類集』28（東京大学史料編纂所、２００８年）

■『新修　築地別院史』（本願寺築地別院、１９８５年）

Ⅶ　赤坂

■「市中取締続類集」、「玉川上水留」（以上、国立国会図書館所蔵）

■永井荷風「鐘の声」（『荷風全集』17、岩波書店、１９６４年）

■『東京日日新聞』大正5年2月19日（『大正ニュース事典』2、毎日コミュニケーションズ、１９８６年）

■『赤坂区史』（東京市赤坂区役所、１９４１年）

■小木新造『東京時代　江戸と東京の間で』（日本放送出版協会、１９８０年）

■肥留間博『玉川上水　親と子の歴史散歩』（たましん地域文化財団、１９９１年）

［コラム３］

■『酒井伴四郎日記　影印と翻刻』（東京都江戸東京博物館、２０１０年）

■「江戸江発足日記帳」、「江戸詰中日記帳」（以上、『紀州藩士酒井伴四郎関係文書』清文堂出版、２０１４年）

Ⅷ　御茶ノ水

■大石学編『高家前田家の総合的研究　近世官僚制とアーカイブズ』（東京堂出版、２００８年）

■松本健「風景写真を読む　江戸から東京へ」（『レンズが撮らえた１５０年前の日本』山川出版社、２０１３年）

Ⅸ　羅漢寺

■「絵本あつま鏡」（国立国会図書館所蔵）

■「妙満寺八品・興門本成寺・黄檗・時宗明細簿」（東京都公文書館所蔵）

■松浦静山『甲子夜話』1・2・4（平凡社、１９７７・１９７８年）

■高村光雲『幕末維新懐古談』（岩波文庫、１９９５年）

■広重会編『今昔対照江戸百景』（国画刊行会・だるまや書店、１９１９年）

■高橋勉『甦る羅漢たち』（天恩山五百羅漢寺、１９８１年）

■飯島魁「鳥雑記（二）」（『動物学雑誌』3巻33、１８９１年）

■小林文次「羅漢寺三匝堂考」（『日本建築学会論文報告集』１３０、１９６６年）

■磯野直秀・内田康夫「『遊覧記』に見られる江戸の鳥類」（『慶應義塾大学日吉紀要・自然科学』7、１９８９年）

■金行信輔「羅漢寺三匝堂の写真史料について」（『日本建築学会中国支部研究報告』27、２００４年）

スタッフ

編集
矢野優美子
瀧澤純希（kushira）
長沼和也（kushira）

装丁・アートディレクション
瀧澤純希（kushira）

デザイン
小田権史

あとがき

ベアト撮影のパノラマ写真を最初に目にしたのは、1992年頃のことだったと思う。大学院で都市江戸の研究を始めたばかりの私は、あるとき手にした『幕末・明治の東京』（東京都写真美術館、1991年）という図録の写真に、思わず息を呑んだ。愛宕山から撮影したというそのパノラマ写真には、大名屋敷や旗本屋敷の家並みが鮮明に写し出されていたのである。

その画面の鮮やかさは、幕末以来の星霜を経ていることが信じられないほどであった。古写真についての書籍はまだごく少数で、インターネットも普及していなかった当時のこと、そもそも幕末江戸の風景写真が存在することさえ知らなかった。江戸の都市風景は建築図面・地図・絵画によって、頭の中で想像するものと思っていたところに、その実景を克明にとらえた写真に出会ったのである。目の前に立ち込めていた霧が一気に晴れたような気がした。

それから数年後、二度目の出会いが訪れた。明治初期の英字新聞『ファー・イースト』の貼付写真の多くに、幕末以来の江戸の建物が写っていることに気づいたのである。同紙の写真は従来、もっぱら近代初期の洋風建築の史料として紹介されてきただけに、思いがけない発見であった。『ファー・イースト』の写真の一部を分析し、同じ研究室の青木祐介君、角田真弓さんと共著で「江戸の建築・都市景観と写真史料」（『建築史学』35）を発表したのが、２０００年のことである。
その後も、ベアトの写真を含め、江戸に関する古写真の分析結果をひとり細々と発表し続けていたが、勤務先との関係でそれは主に建築系の学会の地方支部においてであった。ゆえにそれらの成果は隣接分野の歴史学や考古学、写真史の研究者はもとより、地方支部以外の建築系研究者の目にもほとんど触れることがなかったと思う。そうした過去の仕事を一度まとめて、多くの読者に内容をお伝えしたいというのも、本書を執筆する動機の一つとなった。
インターネット、ＳＮＳ、さらにはスマートフォンの普及で、写真を用いたコミュニケーションがこれほどまでに日常化するとは、ベアトの写真に出会った四半世紀前には夢にも思わなかった。現在の状況であれば、写真を素材とすることで、たとえ歴史に興味がないという人であっても、過去を身近に感じてもらえるのではないか、という期待もある。本書の写真が入口となって、多くの若い世代の人たちが「江戸」に関心をもってくれたとしたら、これほど嬉しいことはない。

本書の作成にあたっては、写真および絵図・古地図・文献史料の所蔵機関の方々にお世話になった。なかでも、東京都写真美術館、横浜開港資料館には、写真掲載にあたって特別のご協力をたまわった。そして、多数の写真・図版を的確にレイアウトし、歴史物らしからぬ斬新な紙面に仕上げてくださった編集・デザインの瀧澤純希さん、長沼和也さん、小田権史さん、書籍刊行の話をいただきながら、遅々として進まない原稿を辛抱強く待ってくださったユウブックスの矢野優美子さん。皆様に心から感謝いたします。

平成29年12月
金行信輔

金行信輔

Shinsuke Kaneyuki

都市史研究家、学習院女子大学非常勤講師。1966年生まれ。東京大学大学院博士課程修了、博士（工学）。江戸・東京の都市史を中心に調査・研究を行う。共著に『レンズが撮らえた外国人カメラマンの見た幕末日本Ⅱ』、『新体系日本史3 土地所有史』（以上、山川出版社）、『シリーズ都市・建築・歴史5 近世都市の成立』、『江戸の広場』（以上、東京大学出版会）、『日本近世史料学研究 史料空間論への旅立ち』（北海道大学図書刊行会）、『鳥取藩研究の最前線』（鳥取県立博物館）ほか。

写真のなかの江戸

絵図と古地図で読み解く20の都市風景

2018年2月15日　初版第1刷発行

著者
金行信輔

発行者
矢野優美子

発行所
ユウブックス
〒157-0072
東京都世田谷区祖師谷2-5-23
TEL:03-6277-9969
FAX:03-6277-9979
E-mail:info@yuubooks.net
http://yuubooks.net

印刷・製本
株式会社シナノパブリッシングプレス

ISBN 978-4-908837-03-6 C0021